ZEN MIND
BEGINNER'S MIND

[日] 铃木俊隆 · 著

蒋海怒 · 译

禅者的初心

北京联合出版公司
Beijing United Publishing Co., Ltd.

只 为 优 质 阅 读

好
读

The characters for "beginner's mind" in calligraphy by Shunryu Suzuki

铃木书法的禅道

铃木禅师亲笔书写"如来"

译序 | 打坐的西方

让世界安静下来，是一种理想状态。然而有许多人相信，实现前一句的设想，可以不通过实际介入或改造世界而达到。我所说的这种方式就是静坐，在外观上，它表现为肢体的操作，而在内里，则包含各种心念想象和气息的引导。世界，或对世界的理解，于是随着人体内状况的改观而产生变化。

对静坐稍熟悉的读书人，可能会很快联想到东方文化中充沛的各类静修传统，包括印度瑜伽术、中国儒家宋明理学阶段的静坐穷理和道教与佛教的静修传统。如果再加上全球其他区域古老文明、思想和宗教中的类似修行，粗略计算，各种古代和现代静坐传统少说也有 40 ～ 50 种。静坐已经是全球历史文化现象了。

禅宗关于静坐的态度具有自我辩难的特点，也就是说，禅的不同支派既有主张静坐的，也有消解静坐的，即认为走动、饮食、躺平也是禅的。上述两种矛盾主张共同构成禅思想史上一幅不连贯的场景。相应地，禅宗将对于静坐的诠释延伸到对生活事物、生命旋律，以及存在和消逝的理解中。因具有如此广阔的视野，禅也就逐渐演化成为某种历史理解、哲思和美学观照。

今天许多人文学术领域，差不多皆进入视角的同步转换中。与古代文化现象的解释类似，目前对禅的认识，已开始从东亚，进而发展到泛亚视角来进行处理。例如，学者们试图比较印度、中国，日韩两国的星辰信仰之间的关系，譬如"七星"的崇拜图式。亦即是说，原来许多被认为是中国文化的内容，已经被纳入泛亚思想并作为其运动的一部分来处理。从泛亚视角进行灯烛和茶的考察也可作如是观。这种考察告诉我们，生活中的许多物事，在不同的文化、知识和信仰传统里有不同的变相。

对禅的考察也是如此。如果说，不久之前，禅的研究还是在中国禅宗史的领域内进行，因而具有把应该整体考察的对象局部化的弊端，今天学界对禅的考察，逐渐具备了人们所声称的全球视角。

禅的发展，其实也表现为某种地理学的运动。一般认为，中国禅来自传说中的天竺僧菩提达摩跋涉，据说他从印度开始穿越高山、沙漠、海洋，创立了中国禅宗。经由他的一代代弟子的努力，禅从中原延伸至四面八方，形成了幅员辽阔的中国禅范围。在唐宋时期，中国禅又被求法僧人传播至安南（越南古名）、朝鲜半岛和日本列岛，诞生了越南禅、朝鲜禅与日本禅。到了20世纪，禅又从亚洲地区传入欧美国家，于是欧美禅应运而生。

欧美禅最初在北美形成，然后蔓延到欧洲大陆。这种面向西方的传法活动是由日本禅者开启。为数众多的日本禅僧和学者不断加入这一禅的转移运动中，本书的作者铃木俊隆是其中非常重要的一位。

在欧美国家，《禅者的初心》里的箴言隽语被制作成冰箱贴，进入千家万户，许多禅修团体奉铃木俊隆为思想导师，在众多禅堂里都可以看到他的照片，并且他的影响已大大超越美国日裔、亚裔团体，他的思想也被许多欧美人所接受。

一　关于作者

铃木俊隆诞生在一间茅草屋，那是 1904 年 5 月 18 日，地点是神奈川县平冢市边缘地区的松岩寺。松岩寺虽拥有 400 年的历史，实际上只是一个山村小寺，不过风景绝好；由于位处东京近海的相模湾，放眼望去，都是连绵的山谷和大片的绿坡。父亲佛门祖学（1858—1933）为自己这个长子取名俊隆，从意涵上看，这是一个充满期待的名字，寄望于他们的家庭能够摆脱贫寒和困境。

铃木俊隆 6 岁开始上小学，12 岁拜入静冈县藏云院玉润祖温禅师门下，成为他的弟子。经过数年修行，铃木俊隆又回到父亲的寺庙里住下，并在当地中学学习，直至 1924 年赴东京驹泽大学。

大学毕业后，铃木俊隆在 30 年代先后到永平寺、总持寺继续进行禅修学习。他这一段时间的修行生活是安静和持久的，需要注意的是，铃木还曾自 1934 年起在永平寺担任住持助理，负责管理寺院事务和辅导禅僧修行，这使他成为曹洞宗内部管理层的重要一员。经历了曹洞宗大本山的修行和考验后，1936年，铃木俊隆任职于静冈县烧津市林叟院。此后，铃木俊隆成为一名地方上的寺院主事者。

1959 年 5 月 23 日，铃木俊隆飞临美国西海岸的旧金山。历史地看，这个日子对于欧美禅来说，其象征意义的重要性随着铃木俊隆的地位重要性的增加而不断增加。

铃木俊隆在美国 12 年半的时间里，用其所称的日常打坐、坐禅、修行，将禅渗透到所有活动中。

铃木俊隆晚年，禅运动已经在美国兴盛起来，禅堂在各个城市或郊外的创建是一个表征。例如，有纽约上州的"大菩提禅堂""洛杉矶禅修中心"、纽约州特伦普山的"禅山修道院""旧金山禅修中心"、俄勒冈州的波特兰"法雨禅修中心"。铃木俊隆长期驻留的塔萨亚拉禅山中心是其中很有名的一个。塔萨亚拉禅山中心位处旧金山郊外，附近有几条远足小径，其可直通帕德里斯国家森林公园。

因胆囊癌，1971 年 12 月 3 日晚间，铃木俊隆在自己的住宅内离开了这个世界。

二　我见过大黄生长

铃木俊隆的一生记录，与其说来自独白，来自档案，来自追忆，毋宁说来自俗世间的无奈，来自黑暗中的苦痛，来自苦痛中孕育出的美好。对于这位出世的禅僧，俗世间的磨难仿佛已被深刻地抽象化了：如果人幸而没有被痛苦磨穿，那么就磨穿痛苦，让所有的经历亮洁，如海面上不断变幻的光。

"在世界的东方，我见过大黄[1]生长；而在日本列岛之春，我们以黄瓜为食。"这是本书的最后一句，这句话不仅表现出作者悲天悯人的情怀，同时也有具体含义，因为植物根本上是地方性的成长物，这与人类很像，人的表达也带有地方影响的影子。

忍受、接纳和消化痛苦，铃木俊隆不断加深对自己人生态度的体认：因为事情并非如自己预测般发生，才会产生痛苦；而忍受痛苦，这就是人的宿命，忍受的过程，就是不断将痛苦接纳到自己内心的过程。

禅并不仅仅属于快乐，它也包括接纳痛苦。铃木俊隆反复告

---

1 大黄：一种植物，有绿色或微红色带酸味的长叶柄，味微苦，加糖或烹制后可食用，亦可药用。大黄同时是多种蓼科大黄属的多年生植物的合称。

诚自己的弟子要直面痛苦，无论是打坐时身体的痛苦还是生活中的痛苦，因为它们都是生命的一部分，同时也是禅的一部分。

我相信今天人们对禅付诸兴趣，基于人们更乐意从禅这里汲取生活化和美学化的启迪，一些人则期待着禅思维帮助他们营造出某种清新的日常氛围。这正说明，禅的思考可以成为某种轻松的精神日需品。然而对于一个严肃的禅研习者，不仅要品味喜悦和轻盈，同时也要正视禅启迪我们的那些沉重的事实和道理。

这个道理仿佛在说：同样一棵树上的叶丛，在它无限翠绿的时候，也要看到它无限枯黄的时刻。我们知道，铃木俊隆在旧金山的居所靠近塔萨亚拉禅山中心，方便于修行和生活的结合。在弥留之际，他不停传唤自己的传法弟子——法裔美国人贝克，人们赶紧到禅堂里找贝克。当贝克来到身边，铃木俊隆用仅剩的体力向他伸出手，贝克半跪在病床前，将老师的手放在自己掌心，用额头轻抵老师的额头，感触他微弱的生命气息渐趋消散。

所谓涅槃，就是看到事物的结局，这是铃木俊隆留下来的一句话。

蒋海怒

2021 年夏　杭州

导言 | 初心

初心里有许多可能性，保持初心，始终是难上加难的事情。

人们总说禅修是一件困难的事，然而对于困难的原因却常常存在误解。禅修之困难，不在于它盘腿的姿势，或开悟（觉悟）之抵达。真正的困难，是从根本上保持我们心灵和修行的纯粹。禅自它建立以来，就发展出许多修行的方式，然而我在此想讨论的，并不是禅或禅的历史，使我感兴趣的，是那些能够帮助大家远离不清净的修行。

"初心"[1]一词，意思是"初学者的心"。修行的目的是一直保持初心。你可以设想一下，如果只是把《心经》[2]背诵一遍，背诵的感觉是很好的。但是，当你背诵第二、三、四遍，或更多遍的时候，感觉又是怎样的呢？或许很轻易就丧失了对它的最初印象吧？

类似情况也经常出现在禅修中。初心，或许会保持一段时间，然而如果你持续禅修一年、两年、三年或更多岁月，尽管水平会在某种程度上得到提升，却也易于丧失你"本心"所包含的无限意蕴。

对禅的新手而言，最重要的是不要进行二元化思考。我们的本心自身涵括所有内容，它总是富足的。我们切记不要丧失心灵的"自足"状态，这并不是说要将心灵封闭起来，而是要将它"空"掉，并让其准备就绪。如果你的心是空的，那么它就会为任何事物而准备着，为每一件事物而敞开。初心里有许多

---

1 日语汉字的"初心"，首次出现在中国东晋干宝《搜神记》卷十五里，"既不契于初心，生死永诀"，后为汉译佛典所用，意指初发心愿学习佛法，初发求菩提之心。例如，实叉难陀译《大方广佛华严经》卷十七《梵行品第十六》即有"三世一切诸如来，靡不护念初发心"之语。
2 此处《心经》，系佛典《般若波罗蜜多心经》（一卷）的简称，唐玄奘译，经文仅260字，却涵括佛教般若学精要之理，且适合背诵，故后世极为流行。

可能性，然而在专家那里，已经所剩无几了。

如果分别心太重，那么你就给自己设定了限制。如果你索求太多或过于贪婪，那么你的心灵就不会丰富和自足了。如果我们丧失了自己本来自足的心灵，那么所有的戒律也会失效。当你索取太多或渴求某物时，最后终将违反你的"自性戒"[1]：不说谎、不偷盗、不杀生、不邪淫，等等。如果你能保持本心，那么戒条也会维持其效用。

初心里没有"我获得了某个事物"这样的念头，所有以自我为中心的思考都限制了我们无比广阔的心。当我们没有"获得"或"自我"的念头时，我们就是真正的初学者，我们将真能学到一些东西。初心是慈悲之心，当我们的心变得慈悲时，它也是无限的。日本曹洞宗的创立者道元禅师[2]总是强调维持我们自身无限制的本心的重要性。如果这样的话，我们对自己是

---

1 自性戒：大乘戒律。

2 道元（1200—1253），日本佛教曹洞宗创始人，号希玄，京都人。1223年赴中国，历游天童、阿育王、径山等著名寺院，后回天童寺，谒新任住持如净。随侍3年，师资相契，受曹洞宗禅法、法衣以及《宝镜三昧》《五位显法》等回国。1233年在深草建兴圣寺，为日本最初的禅堂。1243年，应波多野义重之请，率弟子至越前（今福井县）开创永平寺，后成日本曹洞宗大本山。著作包括《普劝坐禅仪》《正法眼藏》等。

真诚的，也会对万物慈悲，这样才能进行真正的修行。

因而，保持初心，始终是难上加难的事情。没有必要刻意地去理解禅。即使你阅读非常多的禅文献，也必须用鲜活的心灵去读每一句话。你不应该认为"我知道禅是什么"，或"我已经开悟了"。

艺术的秘密也同样如此：始终把自己当作初学者。这一点要非常细心地去理解。

如果你开始禅修，那么你也将开始欣赏自己的初心，这就是禅修的秘密。

目录

上 篇 身与心的修行

中 篇 修行之路

下 篇 用心理解

身与心的修行

禅修是我们真性的直接流露。严格地说，对于人类而言，没有其他修行形式可以比拟，也不是其他生活方式可以与之媲美的。

坐禅的姿势

这些坐姿并不是达到正确心态的手段，采取这种姿势，本身就意味着拥有了正确的心态，没必要去获得某种特别的心态。

现在我们谈谈坐禅的姿势。当你以"全莲花坐"的姿势坐着，也就是说，把左脚放在右腿上，右脚放在左腿上，当我们这样盘腿而坐时，即使我们依旧有一只左腿和一只右腿，它们却会浑然为一了。这个坐姿表达出"二元归一"的内涵：没有二，也没有一。

我想这也是最重要的教导：没有二，也没有一。我们的身、心也是非二、非一的，如果你把自己的身心看成二，是错误的；如果你走向反面，将它们看成一，也是错误的。我们的身与心既是二，也是一。

通常我们认为某物不是一的时候，那么它就大于一；如果不是单数，那么它就是复数。然而，在实际经验里，我们的生活并非仅仅是复数的，它也是单数的。我们中的每个人既是独立的，同时又是依赖的。

若干年后，我们都会死亡。然而，如果我们只是把死亡看作人生的终点，那是错误的理解。但是从另一方面来看，如果认为人没有死，这同样也是错误的。正确的理解是：我们死而非死。

一些人或许会说，我们的意识或精神永存，死去的仅仅是我们的肉体，这并非完全正确，因为我们的肉体和心灵都抵达了它们的终点，说它们会永久存在下去也是对的。即使我们在谈论心灵和肉体两个概念，实际上它们是一枚硬币的正反两面。

因此，当我们采取这种坐姿将左脚放在身体的右边，右脚放在身体的左边，我们就分不清左脚和右脚了。左即是右，右即是左。

禅坐之姿，最重要的是保持背脊挺直。你的双耳和双肩必须在一条直线上。放松你的双肩，用你的后脑将身体向天花板方向拉直。并且，把下巴收起来，因为当你的下巴向上抬的时候，坐姿就是没有力量的，或许你已经在梦乡了。为了令坐姿有力量，将你的横膈膜向丹田或下腹部处下压，这将有助于维持身体和意识的平衡。当你努力维持该坐姿时，一开始你会发现自然呼吸有些困难，但是当你渐渐习惯它时，你的呼吸就会越来越顺畅。

你的双手应该呈禅定印[1]。方法是：将右手手背放在左手手掌上，两个中指的中间关节相融，两拇指轻轻相碰触（仿佛正在夹着一张纸）。这样一来，你的双手将呈现为美丽的椭圆形状。你应该极为小心地维持这个通用手印，仿佛你两手正在小心地握住某个东西。你的双手必须紧贴你的身体，两个拇指维持在大约肚脐的位置，胳膊自由而放松，略微离开身体一点，仿佛你两只胳膊下面各自夹着一颗鸡蛋，但又不会压碎它们。

身体不要歪到一边，也不要向后面或前方倾斜，必须直直地坐着，仿佛头颅正支撑着天空，这并非仅仅是一种姿势或呼吸的方式，它表达出佛教的关键所在，是对你的佛性的完美的呈现。如果要真正理解佛教，就应该依此修行。

这些坐姿并不是达到正确心灵状态的手段，采取这种姿势，本身就是正确的心灵状态。但我们其实没必要去获得某种特别

---

1 禅定印，两手平放于腿上，一掌置于另一掌之上。双手仰放下腹前，右手置左手上，两拇指相接。

的心灵状态。当你试图得到某个事物时，你的心就已经开始游离了。当你无所求，就拥有了自己当下的身心。

我们的本性体现在行事中。我们不为其他事物，而是为我们自身存在而生存。这是我们戒条里表达出的佛教基本教法。即就坐姿而言，当我们站在禅堂[1]里，也有相关规定。但这些规定的目的并不是要将每个人呆板地整齐划一，而是让每个人最自由地表达出他的自我。

例如，我们每个人都有自己的站姿，而我们的站姿是由我们各自身体比例来决定的。当你站着的时候，两只脚后跟之间的距离应该比照拳头之间的距离。大脚趾应该与乳尖呈一条直线。正如禅坐时腹部应该稍微用力，同样地，此时你的双手应该如实表达出自己。左手抵胸，其他四个手指环绕拇指，将右手置于其上方，拇指向下，前臂与地面平行，你会感觉到仿佛你正在抓着一根圆柱，这样你就不会弯下腰或歪向一边。

至关重要的是控制住自己的身体。如果你的腰弯下去了，那么就会丧失自我。你的意识将会游离，心也溜走了。不应该这样，我们必须把心留在此地，此刻！这是关键所在，你必须拥有自己的身心，每件事物都要正确地各安其位，这样就万事

---

1 禅堂：专指坐禅之道场。

无忧了。例如，如果我说话时麦克风放在其他地方，那么它就丧失了意义。当我们身心有序，其他任何事物都会正确地各安其位。

然而，通常情况下，我们会无意识地放弃自我，变为他物，而且是在自我意识之外整理事物的秩序。但是，如果自身并非井然有序的话，那么也就无法整理其他事物。

当我们在正确的时间，做正确的事，其他任何事物都会得到安排。我们自己就是"统领"。当统领睡觉时，所有下属们都睡着了。当统领做正确的事，下属们都在做正确的事——在正确的时间。

因此，不仅仅坐禅保持正确的姿势，而是包括所有行为。当你开车、读书时也要保持正确的姿势。假使你读书时懒洋洋的，你就一定看不了多久。试试看，你将会发现保持正确姿势的重要性。这才是真正的禅理，真正的禅理不是写在书本上的，写在书本上的禅理不过是我们大脑的养料。当然养料对于大脑来说是必要的，然而更重要的是通过正确的生活实践成为你自己。

这也是佛陀无法接受古印度当时并存的诸宗教的原因。他研究了许多宗教，但对它们的修行都不满意。他无法从哲学或苦行[1]中找到人生的答案。他感兴趣的不是形而上[2]的存在物，而是自己在此时此地的身心。

当他找到自我的时候，也发现任何存在物都有佛性，他就这样开悟了。开悟并不是某种舒适感，或某种特别的心态。当你用正确的坐姿打坐时，当时的心态自身就是开悟。

如果你对自己坐禅时的心态不满意，那就意味着你的意识还在游离。我们的身心不应该摇荡或游离。维持正确的坐姿，也就没必要谈论正确的心态了，因为你已经具备它了。

---

1 苦行：即指根除肉体欲望，忍耐各种痛苦的修行方法，此处主要指印度诸外道为求生天而行诸苦行。
2 形而上：此处指所谓的"十四无记"，即超越经验认知层次的问题，如世间有常、世间无常、世间有边、世间无边等，释迦牟尼对此的态度是弃置不答。

专注于呼吸

人们所说的"我"，不过是一扇我们呼吸之际的推拉门。

坐禅时，我们的心总是跟随着呼吸而动。吸气时，空气进入了内部世界；呼气时，空气就来到了外部世界。内部世界是无限的，外部世界也是无限的。当我们说"内部世界"或"外部世界"时，实际上只有一个整体的世界。在这个无限的世界里，我们的喉咙就如同一扇推拉门，空气在进出，如同有人穿过这扇推拉门。

假使心里想着"我在呼吸"，那么这个"我"就是外部的。然而不存在一个你说的"我"，人们所说的"我"，不过是一扇呼吸之际的推拉门。这扇推拉门在移动，如此而已。如果你的心灵足够纯粹或平静，以遵循这个运动时，任何事物都不存在了：没有"我"，没有世界，没有心灵或肉体。有的不过是一扇推拉门而已。

所以在坐禅时，所存在的不过是呼吸运动，然而我们可以感觉到这种运动。我们不应该漫不经心，意识到这种运动，并不等于去意识到我们的"小我"[1]。我们所应做的，是要意识到我们的普遍本性，或佛性[2]。

这种意识非常重要，因为我们通常是如此的单面化。我们对生活的理解通常是二元的：你和我、这个和那个、好和坏。然而实际上，这些分别性其自身就是对普遍存在的认识。"你"，意思是领悟到以你的形状存在的宇宙；"我"，意思是领悟到以我的形状存在的宇宙，而你、我不过是一扇推拉门而已。上述这种理解是有必要的。它甚至不能称得上是"理解"，它实际上是禅修带来的真实的生命体验。

因此在坐禅时，不存在时空观念。大家或许会说："五点四十五分，我们在房间里开始打坐。"这意味着大家有了时间观念（五点四十五分），以及某种空间观念（房间里）。然而，实

---

1 小我：个体之我。
2 佛性：指佛陀之本性，或指成佛之可能性，为如来藏的异名。

际上我们正在做的，不过是坐着，以及意识到某种普遍的运动而已。就这样。

这一刻，推拉门向某个方向打开；另一刻，推拉门向相反方向打开。时时刻刻，我们中的每个人重复此项运动，然而在此并无时空观念，时空是一体的。

你或许会说"今天下午我必须做点事"，然而实际上所说的"今天下午"并不存在，我们不过是做完一件事，然后去做另一件事，如此而已。不存在诸如"今天下午""1点"或"2点"。在1点时你将享用午餐，享用午餐自身就是1点。到时你将在某处，然而"某处"却无法跟"1点"分离开。对于那些真正品味生活的人而言，它们是一体的。然而当我们厌倦生活时，或许会说"我不应该来到这个地方，到其他地方用餐或许会更好些，这个地方不是很好"。那么在你的意识里，你就制造出一个脱离实际时间的空间观念。

你或者会说"这件事不对，我不应该做这件事"。实际上当你说"我不应该做这件事"时，你已经做了某件事，你别无选择。当你分离开时间和空间的观念，或许会感觉到能够做些选择，然而实际上，你不得不去做某事。"不去做某事"本身就是在做事，好和不好仅仅存在于你的意识里。因此我们不应该说"这是对的""这是错的"。

假使你想着"这是错的，我不应该做这件事"，它将给你带来一些困扰。因此在纯粹的宗教领域，不存在时间和空间、对与错的困扰。我们所应做的不过是手头上的事。"好好做它！"

我们必须活在当下。也就是说，当我们坐禅的时候，我们专注于自己的呼吸，让自己就成为一扇推拉门，做当下应该做的事情，做必须做的事。这就是禅修，在这种修行中不存在困悲。如果我们依此生活，就不会产生困惑。

著名的洞山良价禅师曾说："青山白云父，白云青山儿。白云终日依，青山总不知。"[1] 这是对生命的纯粹、清澈的理解。许多事物都类似白云和青山——男人和女人、师父和徒弟，他们彼此依赖。然而白云不应被青山打扰，青山也不应该被白云打扰。它们是各自独立的，然而也是相互依赖的。这就是我们的生活方式，也是我们坐禅的方式。

当我们真正地成为自己，就会变成一扇推拉门，相对于万物而言，独立又依赖。如果没有空气，我们就无法呼吸。芸芸众生都生活在大千世界之中，时时刻刻地，我们身处于世界的中心，因而我们是彻底地独立，同时又是彻底地依赖。

---

1 出自洞山良价：《祖堂集》卷二十《隐山和尚章》，实际上是隐山和尚之语。

如果你有此类体悟，有此类存在感，那么你就是彻底独立的，不会为任何事所打扰。因此当你打坐的时候，心灵必须完全聚集于呼吸。

呼吸，是芸芸众生最基础的活动，缺乏呼吸这种体悟，没有这种修行，就不可能获得绝对的自由。

生命里的不平衡

向东走一里，就是向西走一里。

在佛性的领域里生活，意味着时时刻刻让小我如微尘般刹那地逝去。当我们失去平衡时，我们逝去，但与此同时，我们自身也获得了发展，成长起来。我们眼中的一切都在变化，不断失去平衡。而且，万物之所以看起来很美，也正因它失去了平衡。然而它的一切背景，却总是那么和谐完美。在佛性的领域里，万物就是如此这般地存在着，不断在和谐完美的背景中失去自身的平衡。

因此，如果你没有认识到这个存在的背景，万物看起来都像在受苦；但如果理解了这种存在背景，你将会意识到受苦本身就是我们的生活方式，也是生命的延续方式。因此在禅修过程中，我们有时会强调生命里的不平衡或失序。

目前有些传统绘画已经变得非常形式化，失去生命力了，而这正是现代艺术成长起来的原因。古代画家曾尝试过将墨点以艺术化的无序的方式洒在纸上，这其实是非常困难的。因为，尽管试图要这么做，然而通常情况下还是以某种秩序排布墨点。你或许会认为能够对之进行有效管控，但其实是无法做到的，甚至连将墨点以无序方式分布起来都不可能。

同样情况也发生在日常生活的安排里。尽管曾有人试图将人们以某种方式置于控制之下，但实际上无法做到。控制人们的最好的方式，是鼓励他们不羁地生活，那么他们将在更宽泛的意义上被控制。给你的奶牛或绵羊大块、宽敞的草地，那么你就能控制它。

对于人类而言，情况也同样如此。首先让他们随意去做，一边观察他们。这是最好的原则。忽视他们并不好，是最差的原则。仅次于此的糟糕原则，是试图控制他们。故而，最好的原则是观察他们，仅仅是观察他们，并不努力去控制他们。

对于我们自身修行而言，这种方法同样也是有效的。如果大家试图在打坐过程里获得完美的平静，那么就不应该受大脑中产生的各种图景的困扰，让它们自由地来，自由地去，不经意间它们就这样被控制住了。

然而实现这个原则并不容易。它听起来简单，但是也需要经过某些特殊的努力，而如何来做这种努力，是修行的秘密。设想你在某些特别非同一般的环境里打坐，如果你想使自己的大脑平静下来，那么打坐将无法进行；并且如果你不想被打扰，那么你的努力方法就不正确。真正能够帮助你的方法，是计算自己的呼吸，或者说，专注于自己的吸气和呼气。

这里所说的专注，只是去将注意力放到某个事物上，而它并非禅的目的。禅修真正的目标是如其所是地看待事物，任万物自由来，自由地去。也就是说，在最宽泛的意义上将所有事物置于控制之下。禅修，就是要打开我们每个人的"小我之心"，因此，专注仅仅是帮助你认识到"大心"，或"万物之心"的辅助手段。[1]

如果意欲在日常生活中发现禅修真正的意涵，那么就必须懂得将心念聚焦于呼吸，以及令身体保持正确的禅修姿势。我们应遵循禅修的法则，我们关于坐禅的研习应该变得更为微妙

---

1 此处所言"大心"和"小心"之分，为禅门所习用，在不同语境里表达不同的含义。

和细致。只有以这种方式，你才能体验到禅修里至关重要的自由。

道元禅师曾说："时间，从现在流向过去。"这句话听起来是荒谬的，然而在我们的修行过程中，它有时显得特别真实。时间不是从过去到现在，相反，是从现在流回过去。源义经[1]是日本中古时期著名的武士，当时他被派往北方地区，最终战败而死。临终前，他向妻子告别，他的妻子写下了一句诗："君欲纺轮回卷，妾盼昔变今。"

当下这样说的时候，实际上已经使过去成为现在了。在她的意识里，过去依旧生动，并且"曾经是"现在了。正如道元所言，时间从现在流向过去。这句话在思维逻辑层面是不真实的，但是在我们的"使过去成为现在"的真实体验中，它却是真实的。既有此诗为证，又有我们的人生为证。

当我们体验到上述这种真实，也就意味着我们发现了时间的真义。时间无间断地从过去流向现在，从现在流向未来。这是真实的，然而，时间同样也从未来流向现在，从现在流向过去。某位禅师曾说过："向东走一里，就是向西走一里。"这是真正的自由，我们每个人都应该追寻这种完全的自由。

---

1 源义经，日本传奇英雄。

然而，如果不遵循某些法则，就无法获得完全的自由。人们，尤其是年轻人，会认为自由就是做他们想要做的事情，禅不应该受约束。但对禅修者来说，绝对需要遵守一些规则，只要你遵循了规则，你就有机会获得自由。想要获得自由却对规则不屑一顾，会令你最终失去自由。

我们禅修的目的，其实就是获得这种完全的自由。

心之波澜

因为我们享受生命的方方面面，并且将其看成"大心"的展现，所以我们并不追求过度的愉悦，如此这般地，我们便拥有了泰然自若的沉着。

我们禅修的时候，不要试图制止思维，要让它自己停下来。如果某件事出现在你的脑海里，就让它进来，并让它自己出去，这样做，并不花费太多工夫。因为，当你试图停止思维的时候，那也就意味着你正受其困扰。我们不能受任何事情困扰，在这种场合，看起来似乎某个东西从外部进入你的大脑，但实际上它不过是你脑海里的波澜，如果你不受这种波澜的困扰，它们自身也将渐息渐止。五分钟，或至多十分钟内，你的大脑将彻底进入静谧和安宁状态。在那个时候，呼吸将变得非常缓慢；

另一方面，脉搏又会快一点。

我们将会花费很长时间去发现禅修过程中大脑的静谧和安宁状态。许多感觉到来了，许多思绪或图像浮现了；但是它们不过是脑海中的波澜，没有任何事物从外部进入你的大脑。通常我们把心灵看作外部印象和经验的接受者，但这种理解其实是错误的。正确的理解是，心灵包含所有事物，当你认为是某物从外部进入心灵的时候，其实仅意味着某物出现在你的心灵里。任何在你之外的事物都不会给你造成任何困扰，是你自己在心灵中泛起了波澜，如果不加干涉，任其自然，心灵自身会逐渐平静下来。我们把此平静之心称为"大心"。

如果你的心灵与其自身之外的事物关联起来，那么它就是"小心"，一个被限制的心。如果你的心灵与其自身之外的事物不相关涉，那么就不会对心的活动产生二元化的理解。理解活动不过是心里的波澜，"大心"在自身内部体验万物。包含万物的心，以及与万物产生联系的心，大家能理解上述两种心之间的差别吗？实际上它们是一回事，然而理解起来却不同。理解不同，对于自己生命的态度也将变得不同。

心含万物，这就是其本质。能够体验到这一点，就是"宗教感"。即使心起波澜，心的本质也是纯粹的，如同净水微澜。实际上，水总是包含波澜的，波澜是水之活动所致。将波澜从水里分离，或水从波澜上离开，不过是种错觉。水波是一，大心和小心也是一。如果用这种方式来理解心灵，内心就会产生一些安全感。[1]

当心灵不再渴盼外物，它就总是丰盈的。包含波澜的心灵不是困扰之心，其实是被扩充的心灵。无论你体验到什么，都是"大心"的展现。

"大心"之活动，即是在各种体验中丰富自身。在某种意味上，接踵而来的体验总是清新、初逢的；然而在另外一种意味上，它们不过是"大心"持续的或重复性展现。举例来说，如果早餐里有美味，你会说："好吃。""好"，其实是与你很久以前的经验对比而说出来的，即使你连什么时候都记不清了。我们用"大心"接纳每一种体验，如同将镜子里浮现的面庞看作自己。对于"大心"，我们不必患得患失。它无来去，无惧生死，不经受病老之苦。

因为我们享受生命的方方面面，而且将其看成"大心"的展现，所以我们并不追求过度的愉悦，这样，我们便也拥有了泰然自若的沉着。带着这种来自"大心"的泰然自若的沉着，我们进行禅修。

---

1 佛教经典里多处记载这个比喻，最著名的是《大乘起信论》。

拔除心之杂草

或许，你应感激心中的杂草，因为它们终将滋养你的修行。

当早上闹钟铃响，你随之起床，我想你肯定感觉不错。来到这里并坐下，并不容易。甚至你进入禅堂并开始打坐，也不得不勉励自己好好坐着。这些情况不过是心之波澜，在单纯坐禅过程里，你心中不应该有任何波澜。当你坐在这儿的时候，上述波澜应该渐渐平息，你对此所做的努力，将转变成某种微妙的感觉。

当我们说："拔除杂草，给植物施肥。"我们会拔除杂草，将它们埋在植物旁边，它们就会变成植物的肥料。因此，尽管大家在修行过程中会碰到一些困难，尽管在打坐时有心之波澜，这些波澜自身将有益于你。

你不应该受自己心灵的困扰，或许，你应感激心中的杂草，因为它们最终丰富了你的修行。心之杂念可以转变为意识的养分，如果你对这种方式有一些体验，禅修终也将获得非凡的成就。在这个过程中，你自己将感觉到进步，将会感觉到杂念是如何变成自身养分的。自然，为我们的修行赋予哲学或心理学解释并不是很困难，但这样做是不够的。对于心之草变成养分的方式，你必须有实际的体验。

严格地说，并非我们所做的每一分努力都对修行有益，因为它在我们脑海中掀起了波澜。然而，不经努力就达到心灵的绝对平静是不可能的，我们必须做一些努力，但是我们在做这些努力的时候，必须忘我地进行。

在这个领域内，没有主观性，也没有客观性。我们的心灵只是平静的，甚至不存在任何意识活动。在这种无意识状态里，任何努力、念头和思想都会消失。因而，勉励我们自己，以及在最后时刻到来前付出努力是必要的。直至所有努力都消失了。你必须专注于自身呼吸，直至不再意识到呼吸为止。

我们应该试着永远去努力，然而却不应该期待"忘却所有努力"时刻的到来。你应该做的，是专注于自己的呼吸，那才是我们真正的修行。当我们打坐时，这种努力将变得越来越纯粹。

最初，上述努力是粗糙和不纯粹的，然而通过修行的力量，上述努力将变得越来越纯粹。当你的努力开始变得纯粹，肉体和心灵也将变得纯粹。

这就是我们禅修的方式。一旦意识到我们自身具有的，令我们自身及周围环境纯粹的力量，那么我们的作为将会是正确的，我们将从周围事物中获取教益，也会对其他事物友善。

这就是禅修的贡献。然而禅修的方式不过是采取正确的姿势，付出巨大而又纯粹的努力，聚精会神于自己的呼吸而已。这就是我们禅修的方式。

领悟禅的精髓

保持坐禅姿势，你的心灵和肉体就会产生强大的力量，将事物如其所是地接纳进来，无论是令人愉快的，还是令人不愉快的。

《杂阿含经》[1]第三十三卷里记载了这样一个故事。据说马有四种：世间第一良马、世间第二良马、世间第三良马和世间第四良马。世间第一良马能够仅"顾其鞭影"，即可"迟速左

---

1 《杂阿含经》，南朝宋求那跋陀罗译，共 50 卷，包含 1362 部小经。
　法句简明，保留了原始佛教风貌。本故事出自《杂阿含经》所收第
　922 部小经。

右，随御者心"；第二良马"不能顾影而自惊察，然以鞭杖触其毛尾则能惊悚，察御者心，迟速左右"；第三良马"不能顾影，及触皮毛能随人心，而以鞭杖小侵皮肉则能惊察，随御者心，迟速左右"；第四良马"不能顾其鞭影，及触皮毛，小侵肤肉，及以铁锥刺身，彻肤伤骨，然后方惊，牵车着路，随御者心，迟速左右"。你可以想象，使第四良马学会跑路，该是多么困难。

听到这个故事的时候，几乎所有人都想成为世间第一良马。如果不可得，我们会选择成为世间第二良马。我想这就是对这个故事，以及对禅的通常理解。

你或许也会想，打坐时，自己是最上等的马中的一匹，还是最下等的马中的一匹。然而，在这一点上，如果你这样想，那就是误解禅了。如果你认为禅修的目的是训练成为上等的马中的一匹，那么你将会遇到大麻烦，因为这并非对禅正确的理解。

如果你按照正确的方式进行修行，那么自己到底是上等的马中的一匹，还是最下等的马中的一匹，这个问题无关紧要。

当你决定以佛陀的"大心"来禅修，那么将会发现，最下等的马其实是最有价值的。在极度不完美状况中，你将会发现那个让你酝酿出坚定、寻求出路之心的基础。那些打坐时坐姿完美的，通常会花更多时间来把握禅之真道、禅的实在感觉，以及禅的真髓。与此形成对照的是，那些在禅修中遇到极度困难的人，将会发现禅更丰富的意蕴。因此我认为，有时候，最上等的马就是最不好的那匹，最下等的马也会是最好的一匹。

大家如曾学习过书法，就会发现，最好的书法家通常来自那些不是很聪明的人。那些绝顶聪明的书法家，在达到某个阶段后，双手的运笔经常遇到极大困难。这种情况也出现在绘画和禅修中，对于生命，也是这样。

因此，当我们谈论禅的时候，不能在通常意味上说"他好""他不好"。坐禅之姿对于我们中的每个人都是不一样的。某些人或许无法盘腿而坐，但是即使你无法采取这种正确的坐姿，只要有真诚的、寻求解脱之心，也可以在真精神的意蕴上来禅修。实际上，相较于那些可以轻易坐禅而修的人而言，那些在打坐方面有困难的人，反而能够更容易升起真诚的、寻求解脱之心。

当我们思考自己日常行为的时候，总会深感羞愧。我的一位弟子曾写信告诉我："师父送给我一本日历，我曾试着按照每一页上面的箴言去做，然而这一年刚刚开始，我就被挫败了！"道元禅师曾言："将错就错。""错"，通常的意思是"错误"或"差池"，"将错就错"，意即一个接一个地错，或连续错下去。

道元意思是说，将错就错也是禅。可以说，在许多岁月里，禅僧生活就是将错就错。同时也就意味着，在这些岁月里，他一心努力地修行。

我们常说："好父亲不是一位好父亲。"你明白它的意思吗？那些认为自己是好父亲的人，不是一位好父亲。那些认为自己是好丈夫的人，不是一位好丈夫。那些认为自己是一位坏丈夫的人，如果他总是一心一意去努力的话，或许会成为一个好丈夫。如果因为病痛或某些身体方面的困难而无法打坐，那么就应该在厚蒲团或椅子上，随意坐着。即使你是那匹最不好的马，也能领悟禅的精髓。

设想你的孩子正经受某种绝症的折磨，你不知如何是好，寝食难安。对你而言，通常最舒适的地方是一张温暖适宜的床，然而现在你因为精神痛苦而无法安睡。你来回走路，从房间门进进出出，但都无所济事。实际上，在心灵最混乱的状态下，减轻精神痛苦的最好方式是打坐。

除了坐禅，其他任何行为都无法平息你的苦痛。其他焦躁不安的身姿，没有力量承受这些困难。然而，该历经长时间和艰苦修行的坐禅姿势，能够让你的心灵拥有强大的力量，将事物如其所是地接纳进来，无论是令人愉快的，还是令人不愉快的。

当你心情不愉快时，最好的方式也是坐禅。没有其他方式来容纳，并且解决你的困境。你是最好的，或最坏的马；坐姿好，还是不好，都不在考虑范围内。任何人都可以禅修，并且以这种方式来处理他遇到的难题，将它们接纳进来。

当你坐在自身困境的中央时，下面哪一个更真实呢：你的烦恼？还是你自己？意识到自己此时在此地，是为终极真实。你将通过坐禅修行得致这种认识，在持续不断的修行中，在持续不断的愉快或不愉快情势下，领悟到禅之真髓，在其中获得真正的力量。

非二元化思维

制止思虑，并不等于拒绝心灵活动，它意味着你的心灵渗透身体各部分，全神贯注，就这样结成手印。

我们常说，修行不应该带得失之心、渴求之心，甚至觉悟之心。然而这并不等于说，仅是坐着，不带有任何目的。不带有"获得某物"念头的禅修，是以《心经》理论为基础的。然而，如果大家疏忽的话，甚至连《心经》都会给你造成"获得某物"的念头。因为，虽然《心经》有言，"色即是空，空即是色"，但如果执着于该表述，你就易于陷入二元化思维，这边是你自己、色，那边是空。而"空"是你试图经由自己的"色"

来认识到的。在此，"色即是空，空即是色"依然是二元化的。不过幸运的是，我们佛教教义继续教导，"色即是色，空即是空"，这样就不会产生二元论了。

当你发现坐禅时很难停止思维，或依然试图去停止思维时，这就是"色即是空，空即是色"阶段。然而，当你正以这种二元化方式进行禅修的时候，将越来越趋近修行目标。继而，当禅修开始变得"无为"时，就能够停止思虑。这就是"色即是色，空即是空"阶段。

制止思虑，并不等于拒绝心灵活动，它意味着心灵渗透身体各部分，全神贯注地，就这样结成手印。当你全神贯注地禅修，不顾念自己双腿痛苦地坐着，此之谓没有"获得某物"念头的坐禅。起初你会因为坐姿而觉得受到束缚，然而等到你不再受到束缚的困扰时，你将会发现"空即是空，色即是色"的真义。因此，在受到某些束缚的情况下找到自己的方式，就是真正的修行之道。

修行并不等于说，无论做什么，甚至躺下都是坐禅。当你承受的约束并没有限制你的时候，才是我们所说的修行。如或说"无论我做什么都是佛性的显现，因此我不在乎自己都做了什么，坐禅也没必要了"时，这已经是对我们日常生活的二元化理解了。如果真的毫无影响的话，甚至无须你说出这句话。

只要你关心自己在做什么，就已经二元化了。如果你不关心自己做了什么，连这句话都不会说。该坐禅，就坐禅；该吃饭，就吃饭。仅此而已。

如果你说"无所谓"，它意味着你出于小我之心，在用自己的方式，为自己所做的事情小声道歉，意味着你为某个特别的事物或特别的方式所左右，它并不是我们禅修者在说"仅仅坐着就足够了"，或"无论干什么都是坐禅"时所指的意涵。当然，无论我们做什么都是坐禅，然而果真如此的话，那么连说出这句话都称不上必要。

坐禅的时候，不应该受痛苦双腿或睡意的困扰，这才是真正的坐禅。然而在最初阶段，将事物如其所是地接纳进来，这是非常困难的。修行过程中产生的感觉将令你苦恼。当你能够做任何事情，无论它是好还是坏，都不受到修行过程中浮现的感觉困扰或苦恼，这才是我们说的"色即是色，空即是空"的意涵。

当你受到病痛，如癌症的折磨，并且意识到自己活不过两到三年，要寻求某物来依托时，或许可以开始禅修了。一个人可以依赖上帝的恩典，另外一个人则可以开始坐禅的修行。他的修行将聚焦于获得心灵之空。那就意味着，他努力从二元论的折磨中获得自由，这就是"色即是空，空即是色"的修行。

因信奉"空"的真理，他想在自己的生命里真正实现它。如果他依此修行，对此有信念并且做出了努力，那么坐禅将有助于他。当然，这不是完美的修行。

领悟到自己生命短暂后，所以每时每刻都享受它，这就是"色即是空，空即是色"的生活。佛来，欢迎他；魔来，也欢迎他。中国著名的马祖道一禅师曾言："日面佛，月面佛。"当他生病时，有人问他："和尚近日尊候如何？"马祖回答道，"日面佛，月面佛"，此即"色即是空，空即是色"的生活。

如此则所遇无碍。还能活一年，不错；还能活一百年，也很好。只要你持之以恒地修行，就会达到这个境界。

修行之初将遇到各种问题，有必要做出各种努力使你的修行进行下去。于初次禅修者而言，不做努力的修行不是真正的修行。对于他们而言，修行需要付出巨大的努力。尤其对于年轻人而言，必须非常刻苦才能略有所成。

色即是色，你必须真挚地面对自己，直至彻底地忘掉自己为止。在达到这个阶段之前，那种"自己无论做什么都是禅"，或"自己是否在修行都无所谓"的看法是完全错误的。然而，如果你做出最大的努力，仅仅是为了将肉体和心灵的修行持续下去，且没有产生获得某物的思想，那么你所做的一切都是真正的修行。做任何事的时候，都要抱着"随顺去做"的目的。色即是色，而你即是你，你也会在修行中实现真正的"空"。

叩首是严肃的修行

诚挚地去做，每时每刻都投注自己全部努力，这就足够了。

禅定事毕，我们会面向地板叩首九次。叩首让我们放下自己，而放下自己，也就意味着放弃曾有的那些二元化观念。因此，禅坐修行与叩首并无区别。叩首最普通的含义是向某物表达尊敬，这些事物通常比我们自身更值得尊重。

然而，当你向佛陀叩首时，不应该有佛陀的想法，因为在这个时刻，你已经与佛陀合二为一了，你已经成为佛陀自身。当与佛陀合二为一，与万物合一，你将发现存在的真正意蕴。

当你忘却自身所有的二元观念，万物都成为你的老师，每个事物都能成为你礼拜的对象。

当万物存在于你的"大心"时，所有二元化关系就逐渐消失了。天与地、男与女、师与徒之间的区别都消失了。男子有时会向女子叩首，女子间或向男子叩首。弟子有时向师父叩首，师父有时向弟子叩首。一个不向自己弟子合掌叩首的师父，也是不会向佛陀合掌叩首的。有些时候，师徒两人会同时向佛陀合掌叩首。甚至在另一些时候，我们合掌叩首的对象是猫和狗。

在"大心"里，每个事物都有同样的价值，万物与佛陀也同体。你看见某物或听到某种声响，"大心"都会如其所是地包含它。你就与万物一体了。

在修行里，应该将万物如其所是地包容进来，对每个事物礼拜，如同你对佛陀叩首那样。这就是佛性。那么，其实就是佛对佛叩首，是你们对你们自身叩首，如此这般，才是真正的叩首。如果在修行中缺乏对"大心"的真正信念，那么你的叩首就是二元化的。仅在你只是你自己的情况下，你对自己的叩首才是真正意义上的礼拜，那么你就与万物一体了。

礼拜是非常严肃的修行，甚至在生命的最后一刻，都应该为叩首做好准备。在一些时候，除了叩首，其他事都无法做，那么你也应叩首，这种信念是必要的。如果以这种精神合掌叩首，那么所有的戒律和佛理，都会变成你自己的戒律和教理。你的大心里，也将蓄含万物。

千利休[1]是日本茶道的创始人。他于1591年奉上司丰臣秀吉之命"切腹"（剖开腹部的仪式性自杀行为）。死前一刻，千利休说道："当剑成为我身体一部分的时候，没有佛，祖师也都不存在了。"他的意思是说，当我们拥有"大心"里的剑时，眼前的二元化的世界也就消失了。除了这种精神外，任何事物都不存在了。这种萧然自若的精神也体现在千利休的茶道里，他做任何事，都并不仅仅出于二元化方式，他时刻都在为死亡做准备。他做着一次又一次茶道，然后死亡，然而又以这种方式令自己重生。这就是茶道的精神，也是我们礼拜的依据。

因为叩首，我的师父额头上出现了一块硬皮。他知道自己是一个固执、不通融的家伙，于是他不停地叩首。他的叩首行为，来自内心里经常响起的他的师父的斥责声。他三十岁时，进入了曹洞宗僧人之列，按照日本僧团惯例，已经很迟了。

当我们年轻的时候，顽固心态少一些，灭除私心也相对容

---

[1] 千利休（1522—1591），日本战国时期安土桃山时代著名的茶道宗师，被称为日本"茶圣"。

易，因此他的师父总是称呼他"大龄出家僧"，并且总是批评他出家之晚。而实际上，他的师父非常偏爱他的顽固性格。我的师父七十岁时也曾言："我年轻的时候像只老虎，现在却是一只猫。"而成为一只猫，他也很乐意。

叩首有助于根除我们的自我中心意识。这并非看起来那么容易，实际上很难去除这些观念。结果并不重要，重要的是我们为提升自己而做出努力。这种修行是无止境的。

每次叩首行为，都是对四弘誓愿[1]里的某一种的表达。四弘誓愿的内容是："众生无边誓愿度，烦恼无尽誓愿断，法门无量誓愿学，佛道无上誓愿成。"如果上述目标难以企及，那我们怎么才能达到它呢？弘誓，就是佛法真义。

仅仅认为"因其可能，所以我们会去做"，并不是佛教。尽管它不可能，我们也必须按照自己真性命令那样，不得不去做。然而实际上，是否可能并非问题所在。如果我们内心最深处有根除自我中心观念的愿望，我们就不得不去做。当我们付出此种努力，内心最深处的愿望就得到了满足，这就是涅槃[2]。在决

---

1 四弘誓愿：一切菩萨于未成佛前（因位）修行时所发的四种广大之愿，又称总愿。
2 涅槃：原意是火的熄灭或风的吹散状态，佛教用以作为修习所要达到的最高理想境界。

定做之前，会遇到一些困难；然而一旦开始去做，就诸事顺遂了。努力，使内心最深处的愿望得到满足，没有其他任何方式达到平静。

心灵平静并不意味着停止活动，活动自身那里，可以找到真正的平静。佛家认为，不活动状态下获得静是容易的，活动状态下获得静是困难的，然而在活动中保持平静，才是真正的平静。

经过一段时间禅坐修行，我们将认识到，取得非凡而快速的进步是不可能的。尽管你非常努力，进步总是缓慢的。这不同于出去冲个淋浴，让全身淋湿那么简单。而在雾里的你，是不知道自己身体已湿，然而如果你一直向前走，湿意将越来越重。如果你心中有了进步的意识，或许会抱怨"唉！这种步伐真是太辛苦了"，然而实际上它并不是。当你在雾中变湿，把身体弄干燥就非常困难。因此，没必要去关心自己进步了没有。

如同学习一门语言，你无法一下子就学会它；但是当你不断地重复，最终会掌握它。这就是曹洞宗的修行方式。我们可以说一点一点地取得进步，或者不期待进步，仅仅是诚挚地去做，每时每刻都投注自己的全部努力，这就足够了。涅槃，并不外在于我们的禅修。

无
一
事

如果你每天都能这样简易修行，必将获得某种非凡的力量。但是，在你得到它之前，它的确是非凡的；然而，当你得到它之后，它就变得稀松平常了。

每一场禅修之后，我不喜欢发言，因为我觉得坐禅本身就足够了。如果我必须说一些，那么我想要谈的内容，就是关于禅修如何非凡的方面。而我们的目标，不过是将禅修永远进行下去。禅修这种实践，自无始以来就存在了，并且，它还将在无穷尽的未来，无时限地持续。严格地说，对于人类而言，没有任何其他实践形式比得上它，没有任何生活方式比禅的生活方式更好。禅修是我们自己真性的直接表达。

当然，无论我们做什么都是自己真性的表达，只是，如果缺少了禅修，就很难实现这一点。人性，以及万物的本性都是活跃着的。只要我们活着，我们总是在做某些事。然而一旦你思考"我正在做这件事""我不得不做这件事"，或"我必须拿到某个特别的东西"，那么你实际上并没有做任何事。当你放弃，当你不再想要某物，或者不再努力去做某些特别事的时候，那么你就的确在做某些事了。在你做事时没有获得的念头时，那么你真的是在做事了。

在禅修过程中，你不因其他原因而做事。或许你觉得，似乎你正在做某件特别的事情，然而它不过是你真性的表达。正是这种活动，愉悦了你内心最深处的愿望。

然而，只要你认为自己在为某事而坐禅，那就不是真正的修行。

如果你每天都能这样简易修行，必将获得某种非凡的力量。但是，在你得到它之前，它的确是非凡的；然而，当你得到它之后，它就变得稀松平常了。它就是你自身，很平常。正如一首中国诗歌所说："庐山烟雨浙江潮，未至千般恨不消。到得还来别无事，庐山烟雨浙江潮。"[1]人们认为雾中庐山、席卷大地的钱塘潮肯定很美，然而当你来到它们面前时，也就是山和水而

----

1 北宋苏轼所创作的七言绝句。

已，稀松平常。

对于那些没有开悟经验的人而言，开悟是神秘体验。然而，如果他们获得了开悟，没什么大不了的。你明白了吗？对有了孩子的母亲而言，怀孕生子很平常。坐禅也是如此。

因此，如果持续进行禅修，就会获得越来越多的体验——这很稀松平常。不过就那些事吧。然而，对于此类事物，你或许会说是法性[1]、佛性或开悟。你可以给它取很多名字，但是对于那些已经证悟它们的人而言，不过就是那些事而已，稀松平常。

当我们表达出自己真性的时候，我们是人类。如果没有这么做，那么我们就不知道自己是什么。我们不是低级动物，因为我们是直立行走的。既然我们不同于低级动物，那么我们是什么？或许是个鬼物——简直不知道如何称呼自己了。实际上，这样的生物并不存在，仅是幻觉。我们不再是人类了，然而我们依旧存在。

当禅不再是禅，没有任何事物存在。从知性角度审视，我的这番讲话毫无意义，然而，如果你有真正的修行体验，将会

---

1 法性：指诸法，亦即宇宙一切现象所具有之真实不变之本性、真实体性。

明白我所道出的真义。如果某物存在的话，那么它定有其真性，亦即佛性。

《涅槃经》记载佛陀如下言论："一切众生悉有佛性。"[1]然而，道元的读法却是："一切即是众生，悉有即是佛性。"这里存在意蕴的区别。如果说"一切众生悉有佛性"，它表达出的意思是，每个存在物里都有佛性，但佛性与每个具体存在物还是不一样的。

然而如果说"一切即是众生，悉有即是佛性"，它所表达出的意思是：每个具体存在物都是佛本身。如果佛性不存在了，根本上也不存在任何事物。认为有离开佛性的事物，仅是个幻觉，它可能存在于你的心灵中，然而这样的事物实际上是不存在的。

因而，成为一个人，就是成为一尊佛，佛性只是人性的另一个名号，是我们真正的人性。这样一来，尽管你并没有做任何事，实际上已经在做某事了。你正在表现你自身，表现你的真性，它从你的眼睛、声音及举止里表现出来。至关重要的是，你是以最简单而又最充分的方式，表达出你的真性，在微若秋

1 此指北凉昙无谶所译四十卷《大般涅槃经》，主要阐述佛身常住不灭，涅槃常乐我净，一切从生悉有佛性，一阐提和声闻、辟支佛均得成佛等大乘佛教思想。

毫之物中享受它的存在。

一个星期一个星期地，一年一年地，大家持续此种修行，体验也将会越来越深沉，这种体验将覆盖日常生活中的所有行为。在此，至关重要的是忘却所有"获得某物"的念头，及所有二元化的观念。换句话说，只是以某种姿势坐禅罢了。不要考虑任何事情，只是在蒲团上打坐，不期待任何事物。那么，最终你将恢复自己的真性，这也就等于说，真性回归其自身。

修行之路

我们所要强调的，是对自己的本性有坚定的信念。

关于『一心道』

即使太阳从西边出来，菩萨也只走一条道路。

我发言的目的，并非要为大家带来知性方面的理解，而只是表达我自己对禅修的一些体会而已。能够与大家一起禅修，是最不寻常的事。当然，无论我们做什么都不寻常，因为我们的生命自身就是如此地不寻常。佛陀曾言："众生难得，如（指）甲上土。"[1] 我们应知，污物很难粘在指甲上。

---

1 语见《杂阿含经》卷十六，第四四二章：如甲上土者，若诸众生，形可见者，亦复如是，其形微细，不可见者，如大地土。

我们人类这一生是非常珍稀奇妙的。当我坐禅时，我想永远这样打坐下去，然而我却要勉励自己采取另一种修行方式，如诵经或礼拜。而如果当我礼拜时，我也会在想："这感觉非常奇妙。"然而，我却又要不得不换另外一种修行方式：诵经。我发言，因此只不过是要表达自己的一些体会而已。我们修行，不是借助打坐来得到某个东西，只是要表达出我们自己的真性。这就是我们的修行。

如果你也有表达自身、表达自己真性的愿望，那么应该有一些自然而又适宜的方式。甚至可以说，当你坐下来或起身时，体姿的左摇右晃都可以算是表达自身的方式。它并非修行前的准备活动，或禅修之后的放松行为，它就是禅修的一部分。我们在如此行事的时候，不应该表现出似乎为其他事情准备的样子。

日常生活中也应如此，在道元看来，做菜、做饭并不是准备工作，也是一种修行。烹饪并不仅是为他人或自己准备食物，它也在表达你的内在真实。因此当我们在厨房内烹饪的时候，应该将自我从厨事中表达出来。你应该给自己留出非常充裕的时间，烹饪时，头脑应该是空荡荡的，并不期待其他任何事情，烹饪就是一切！

这同样是我们内在真实的表达，是修行的一部分。打坐是有必要的，如今天这样来打坐，然而，它不是我们唯一的方式。无论你做什么，都必须将其看成同样深刻行动的表达。我们必须享受自己正在做的事情，不把它看成为别的事情而做的一种准备。

佛教思想里的"菩萨道"[1]又被称为"一心道"。转换成现代生活语言，那就等于说"一条几千公里的铁路"。铁轨总是千篇一律的，假使某天它变宽，或窄一点的话，将酿成巨祸。无论你去何方，铁轨的尺寸总是相同的，这就是菩萨道。因此，即使太阳从西边出来，菩萨也只有一条道路，菩萨道每时每刻都表达出其本性，以及诚挚。

我们前面说到"轨道"，然而实际世上并无此物，内在的诚挚自身就是铁轨。正如我们坐在火车上，双目所及之处总在变幻，然而不变的，是我们总是在同一条铁轨上向前方疾驰。并且，这条铁路没有起点和终点，它就是一条无始无终的轨道，它没有起点，没有目的地，它向前奔驰，却并不想去抓住什么。在铁轨上疾驰，这就是吾人之道，这就是禅修的本质。

可是，一旦开始对铁轨产生好奇心，危险就来了。你不应该盯着铁轨看，如果你真那样做的话，肯定会觉得眩晕。当各

---

1 菩萨道：指修自利利他而成佛果的菩萨修行之道。

位坐火车时，仅仅欣赏目光所及之处的景色就好了，这才是我们应该做的。对于旅客而言，没必要对铁轨产生好奇心，某类工作人员会照看它，佛也会负责它。

然而在某些时候，我们还是会试着解释铁轨原理，因为，如果一件事物始终如一的话，我们终会觉得好奇。我们会惊异：菩萨道怎么会与铁轨同一呢？菩萨的秘密是什么？实际上，秘密并不存在。每个人的本性，都与铁轨同理。

曾经有一对道友——释保福和释长庆，这两人曾在某天讨论菩萨道。释长庆说："宁说河不入海，不说如来有二种语；宁说罗汉有三毒，不说如来有二种语。不道如来无语，只道如来无二种语。"释保福言：情知尔向第二头道。释长庆又言：作幺生是如来语。保福回答道："我们讨论够了，吃茶去。"[1]

释保福并没有给对方一个答案。因为，如果要给我们的菩萨道一个口头解释的话，那是不可能的。尽管作为修行的一部分，这一对道友以后还会讨论菩萨道，即使他们并不渴盼获得某种新的解释。因此释保福倡言道："我们讨论够了，吃茶去。"

---

1 出自《祖堂集》卷十一《保福和尚章》，《碧岩录》也有类似记载，内容有差异。

这是一个好的答案，不对吗？对于我今天的发言来说，情况也同样如此。当我的谈话结束时，大家的聆听也将结束。没必要记住我曾经讲过什么，没必要理解我曾经讲了什么。因为大家已经理解，并且从自身角度完全理解了，那就没问题。

重复的精神

如果失去重复的精神，修行将变得异常艰辛。

释迦牟尼的时代，他所遭遇的印度思想和修行奠基于如下观念：将人看作精神成分和肉体成分的结合体，认为人的肉体方面束缚着精神的方面，因此他们的宗教修行，均旨在令肉体成分衰弱，以释放并加强精神的方面。

因而在那个时代，释迦牟尼所能找到的修行方式是专注于禁欲。然而，当他自己践行禁欲主义的时候，却发现，削弱肉体的努力是无止境的，这样一来，宗教修行就变得非常理想化了。只有当我们死去时，这种与身体的战争才会止歇。然而根据上述印度思想，我们将会以另外一种生命形式，以及接次而至的另外一种生命形式返回，无休止地重复上述战争，并且始终不会获得圆满的开悟。

进而，尽管你认为可以令肉体的力量萎缩到足以释放精神力量，但是只有在你继续践行苦修时，它才真的起作用。这个时候，如果你回归到日常生活状态，又会因生活需要，不得不强化自己的肉体。然而在那之后，你又将不得不再度令肉体萎缩，以重新获取精神力量。其结果必然是：反复重复上述过程。

以上似乎将释迦牟尼遭遇到的古印度宗教实践过度简化了。我们当然可以置之莞尔一笑，然而实际上即使在今天，某些人依旧这么做，或在某些时候下意识地这么做，禁欲主义观念深藏在他们的内心深处。

但是，如此修行并不会取得进步。

释迦牟尼走的道路完全不同。起初，释迦牟尼研习他生存的那个时代、那个区域的古印度宗教修行方式，也践行禁欲主义。然而，释迦牟尼对于构成身体的各成分并不感兴趣，对关于存在的形而上理论，他同样不曾留心。他更心仪的，乃是自己当下如何存在的问题。这才是他的思考重心。

面包是由面粉做成的，面粉在被送入炉灶后如何变成了面包，这才是释迦牟尼所关切的最重要问题。他最感兴趣的是我们如何获得开悟。开悟者是一些完美和令人称羡的角色，对于释迦牟尼是这样，对于其他人也是如此。释迦牟尼想要发现的是，人类是如何成长为这种理想人物的——过去的各种圣人是如何成为圣人的。为了发现生面团如何变成一块完美的面包，他反复地做面包，直到自己变得非常成功。这就是释迦牟尼的修行。

然而我们或许会发现，每日反复做同样一种食品并不非常有趣。大家或许也会说，太冗长沉闷了。然而，如果丧失重复的精神，一切将变得极为艰难。相反，假使大家的重复精神充满力量和活力，事情就变得简单了。

无论如何，我们不能无所事事，必须要做点事。那么，当你在做某件事的时候，应该非常机敏、细致和警觉。

我们的方式是将生面团放入炉灶，并且仔细观察它的变化。一旦你懂得生面团何以转化成面包，也将明白开悟是怎样一回事。因此我们的主要兴趣在于，这具肉体是如何变成圣人的。对于生面粉究竟是何物，圣人究竟是怎样的一个人，我们并不怎么感兴趣。圣人就是圣人。就人性进行形而上的解释，并不是我们关注的重点。

因此我们强调的这种修行方式就不能太过于理想化。假使一位艺术家过于理想化，最终会令自己走上绝路。因为在他的理想与实际能力之间，存在着巨大鸿沟，如果不存在一座长到足够跨越这道鸿沟的桥，他会开始绝望。我们通常看到的灵修之道就是如此。

但是我们的修行之路却并非如此理想化。在某种意味上，我们应该理想化，至少我们应该对做面包感兴趣，因为它们好看又好吃！然而真实的修行情况则是反复而又重复，直到你发现面包是如何做成的。

我们的修行之路没有秘密，不过就是打坐，以及用自己的方式，将我们自己送入炉灶。如此而已。

禅修与激情

禅并不是某种激情，不过是专注于我们日常活动轨迹。

我早年在永平寺[1]进行禅修。在我十三岁那年，师父去世了。尽管我想在永平寺继续全身心投入禅修，但我必须回去继承[2]师父的寺庙。我一度非常繁忙，并且由于比较年轻的缘故，备尝艰辛。当然，那些困难也给我带来了一些生活经验。然而相对于真挚、平静与朗澈的生活方式，它们就不值一提了。

---

1 永平寺：日僧道元遵照他的中国师父天童如净于日本宽元二年（1244）创建，坐落在福井越前，与位于横滨市鹤见区鹤见町的总持寺合称日本曹洞宗两座大本山。
2 继承：日本部分寺庙可由住持子孙继承。

对于我们来说，保持恒心最重要。禅修不是一种短暂的激情行动，而是要专注于我们的生活日常。如果我们过于忙碌，或过于兴奋，心灵就会开始粗糙和破旧，这不是好事。如果可能的话，要始终保持平静和愉悦，远离短暂的激情。随着年月增长，通常，我们会变得越来越忙碌，现代社会里尤其如此。假使我们历经岁月沧桑，重新回到那些古旧和熟悉的地方，它们自身的变化也会令我们惊讶。这是没办法的事情。

然而，一旦我们转而沉浸于某些令人兴奋之事，乃至陶醉于自身的变化，我们将被彻底卷入忙碌生活之中，最终迷失自我。但是，如果我们的心灵是平静的，并且持之以久，即使已置身其中，也会让自己抽离喧嚣的世界。即使周遭都在喧嚣和瞬息变化，我们的心灵也将是平静的和稳定的。

进行禅修，并不等于传播激情。某些人的修禅，仅是出于好奇，他们就如此这般令自己的生活变得更加忙碌。像这种情况，禅修令你的境况更糟糕，是非常荒谬的。我想，如果我们试着每周打坐一次，就已经足够忙碌了，不要对禅投入过度的兴趣。年轻人一旦对禅产生激情，常常会放弃学业，到深山老林里去打坐，这种兴趣并不是真正的兴趣。

我们需要做的，只是维持我们平静和平常的禅修，如此这般，我们自身的特色也会逐渐被塑造出来。如果心灵一直是忙碌的，就没有时间来塑造了，也不会有所成就。过分用力的时候，情况尤其如此。

塑造出特色，类似于做面包，你只能一点点、一步步地和面，而且还需要维持合适的温度。你对自身的了解必须相当透彻，必须懂得自己所需的温度是多少。也就是说，精确地明白自己真正的需求。然而，如果你过于兴奋，就会将最适合自己的温度问题抛诸脑后，也就迷失了自己的道路。这种境况非常危险。

佛陀也表达了同样的意思，并以驾驭牛车为譬喻。车夫知晓牛的最大承载量，并以此为准则，不令超载。你也应知晓自己的方式和心灵的状态，同样也不要超载。佛陀同样说过，打造个性如同筑坝，建造"堤岸"，必须非常小心，如果大家只想着一蹴而就，水就会从"蚁穴"涌泄出来。如果小心谨慎地打造堤岸，大家最终将收获一座能为蓄水所用的、漂亮的水坝。

我们这种不激情的禅修看起来非常消极，实际情况绝非如此。不激情，对于我们自身的修行是明智、有效的，只是非常素朴罢了。据我个人观察，人们，尤其是青年很难领会其真义。

此外，尚须提醒的是，我这么要求似乎在倡导某种"渐教"，这么理解也不正确。实际上它是"顿渐之道"[1]。其原因在于，当你的修行是平静和普通时，日常生活自身就是开悟。

---

1 顿渐之道：指两种到达觉悟的方法。不依次第，快速到达觉悟，称为顿教；依顺序渐进，长时间修行而觉悟，称为渐教。

正精进是必要的

正精进[1]能够帮助你去除骄傲。

　　禅修中最重要的一点是正精进或勤精进。正精进是必要的，它直接指引你走上正确的修行道路。如果你向错误的方向努力，尤其是对此还不自知，那么它就是某种虚假的努力。我们修行中的努力必须从有所得，走向无所得。

　　通常情况下，你工作是为了得到某物，它将你与结果联系起来。从有所得到无所得，意味着摆脱不必要的，以及会导致

1　正精进：勇猛勤奋地修行善法，不懈怠地努力上进。

恶果的发力。如果以无所得的态度工作，良好的品质亦被含蓄其中，因此仅需去工作，不需特别努力地去工作，就足够了。

当你做出某特定努力为获得某物之时，一些劣质、多余的成分就会被卷进来，你应该去除这些多余内容。如果你的修行出色，甚至在无意识情况下，你也将会为此骄傲。这个多出来的内容就是骄傲。这一点是非常、非常重要的，然而在通常情况下，我们并不能足够谨慎细致到认识它，于是走上了歧途。

正因为我们所有人都在做同样的事情，也犯着相同的错误，所以我们无法认识到这一点。而由于没有认识到这一点，我们就犯下更多错误。我们给自己制造了困境。这种坏的努力被称作"法执"[1]，或对某种修行的执着。在这种情况下，就会被卷入了某种修行或有所得的观念，出不来。

当你陷入某种二元论观念时，那么你的修行就不是明净的。言及明净，并不是说要去擦亮它，令不明净变得明净。当我们说明净的时候，我们只是认为事物如其所是。然而，当某物被添加上去时，那就是不明净。当某物被二元化理解时，那也是不明净。

---

1 法执：执迷万有诸法皆有实体。又称法我执、法我见。

如果认为可以经由打坐修行获得某物，那么就已经陷入了不纯净的修行了。毫无疑问，修行、开悟实际上都是存在的，然而我们不能被某种纸面陈述缠绕，不能被其污染。打坐时，就打坐好了；如果开悟到来了，就让它来好了。我们不应该受收获所束缚。坐禅的真性一直在那儿，甚至你未意识到的时候。因此，忘却那种你会从坐禅中获得某物的念头吧，就坐禅好了。坐禅的真性将自动显露出来，在那个时刻，你也将拥有它。

有人会问，以无所得态度进行禅修究竟意味着什么，对于此类修行而言，哪种努力是必要的。答案是：努力去除对于我们修行而言多余的内容。当多余的念头来到时，我们应该试图制止它，要保持自身纯粹的修行。我们的努力应该被引导至这个紧要之处。

我们禅家有句话说，要谛听"只手之声"[1]。通常情况下，两只手才能拍出声响，如果一只手去拍，根本不能发出声响。然而实际上，一只手也有它的声音，尽管你听不到，它还是存在的。当然，如果双手拍打，能够听到声音。但是，如果声音在拍打之前并不存在，你就无法制造出声响来，因为声响在你制造它之前就存在了。

---

1 只手之声：日本临济宗白隐慧鹤禅师创立的公案。

声响之所以在拍打之前就存在，是因为从来就有声响，所以你才能制造出它们来，随之你才能听到它们。声响无处不在。即或仅仅是操练，也存在声响，但不要试图去听到它们。如果弃之不闻，声响就消失了。既然你试图去听到它们，而它们又是一会儿消失，一会儿存在。

你明白了吗？这也就是说，尽管无所事事，也总是维持着坐禅的真性。然而，当你试图去寻觅它之时，试图发现其真性时，真性就消失了。

我们是以个体形式生活在这个世界上的。然而，在你以人的形状出现之前，你已经在那儿了，永远在那儿。我们一直在这儿，你明白吗？你或许会想，在出生之前，自己并不在这里，那么当你不存在的时候，你又怎么会出现在这个世界上呢？只有已经在那儿了，你才能出现在这个世界上。同样地，如果某物从未出现过的话，它也不会消失。只有某物在那儿，它才会消失。

你或许会想，自己逝去之时才会消失，也就不会再存在了。但是，尽管你已经消失了，那些曾经存在过的事物也不会变成无（或译为非存在）。

世界就是如此魔幻。我们自身无法对世界施加魔咒，世界自身就很魔幻。当我们一直看某物，它可以从我们视线中消失，然而如果我们不尝试去看它，它也就不会消失。正因为你在观看它，它才能够消失；然而，如果没有人观看它，事物怎么可能会消失呢？

如果某人正看着你，你能够从他身边逃离。但是，如果没有人在看，你甚至无法自己消失。

因此，不要特别地观看某物，不要尝试获取某个特别的事物。在大家的清净真性里已经包含了万物。如果你们能理解这个终极事实，心里就不会产生恐惧。当然，我们会遭遇困难，然而不会产生恐惧。

在没有意识到困难的时候遭遇困难，那才是真正的困难。人们或许看起来非常自信，并坚持认为自己在往正确的方向付出巨大努力。然而当他们并不领会这个境况时，他们的所作所为就来自于恐惧。某物或许从他们那里消失了。

然而，如果你是往正确的方向努力，那么就不会有遗失事物的恐惧，即使努力的方向错误。如果你自己意识到这一点，将不会受到欺骗。

没有什么是可以失去的，只有正精进的清净本性恒久长存。

不留下任何痕迹

当你做事时，必须彻底燃烧自己，如同熊熊燃尽的篝火，不留下任何痕迹。

当我们禅修的时候，心灵是平静的，并且非常朴素。相反，在通常情况下，我们的心灵是非常复杂和忙碌的，很难专注于自己正在干的事情。其缘由在于，我们行动之前都在思考，并且留下了思考的踪迹。由此，我们的行动就被笼罩在那些预先构造的观念的阴影之下。

思考不仅遗留下踪迹或者说阴影，并且带给我们许多与其他行动和事物相关的其他概念，这些概念和踪迹亦令我们的心灵非常复杂。

相反，如果我们做事时有一颗简单、明晰的头脑，上述概念和阴影就不会产生。我们的行动就会变得强大，并且勇往直前。但是，如果我们带着一颗复杂的心去做事情，而这颗心与其他事物、人或社会纠缠在一起，行动将变得非常纷乱。

对大部分人而言，伴随其行动的，是双重或三重概念。俗语有言：一石二鸟。许多人也试图这样做。因为他们想要捕获更多的鸟，就会发现自己很难专注于做一件事情，结局是连一只鸟都抓不到。此类想法总是给他们的行动带来痕迹，实际上，痕迹并非思考本身。

当然，在通常情况下，我们行动之前有必要思考或筹划，但是正确的思考不会留下任何痕迹。那种留下痕迹的思考来自于我们相对混乱的心灵，它令自己与其他事物相联系，这样就限制了其自身的行动。正是这种"小心"（小我之心）产生出获取某物的观念，留下了自身的痕迹。

如果你行动时留下了思考的痕迹，将会受到这些痕迹的牵连。例如，你或许会说："这是我干的事！"但实际情况不是这样。在对往事的回忆中，你或许会说，"我遵循一些方法，做过这样或那样的事"，然而实际上，它从未如你所说的那样发生过。当你以这种方式进行思考，你就限定了过往的所作所为而产生的实际经验。

通常我们都认为自己所做的都是对的，然而实际上却未必如此。我们垂暮时，常常也为自己所做过的事情自豪。而当某人自豪地谈论自己所做过的事情，其他人会觉得有趣，因为他们知道这种回忆都是片面的。他们很清楚这个人所告诉他们的，与他曾经干过的那些事情，并非完全吻合。进而，如果该人为自己所干过的事情骄傲，这种骄情会给他带来些麻烦。因为如果该人以这种方式反复回味，其个性将越来越扭曲，直至成为非常乖戾、顽固的家伙。

上述就是一个人的思考会留下痕迹的例子。我们不应该忘却自己曾经做过的事情，然而也不应该留下多余的痕迹。留下痕迹与记住某事并不一样，我们有必要记住自己过往的事迹，然而在某一特别意味上，我们不应该受自己干过的事情牵扯。这里所说的"牵扯"，正是指我们思想或行动留下的痕迹。

为了不留下痕迹，那么做事的时候，应该投入全部身心去做，应聚精会神于自己正在做的事情。你要做事，必须完全彻底地去做，如熊熊燃烧，而非仅仅冒着青烟的篝火。必须将自己彻底燃烧，如果不是这样，那么当你做事之时，就会留下自己的痕迹。你的遗留物，就是那些未燃烧殆尽的部分。

禅的行动就是如此这般、彻底燃烧的行动，除了灰烬外，没有任何遗留物。这正是我们禅修的目的，也正如道元所说的："灰烬不复成为柴火。"灰烬就是灰烬，应该彻底成为灰烬，柴火应该就是柴火。当该行动发生时，除了这个行动之外，其他任何事物都不在视野之内，一就是一切。

因此我们的修行不是一两个小时，或一天一年的问题。如果我们禅修时投入全部身心，甚至只要持续一会儿，那也是真正的禅修。禅修，需要彻底地投入，任凭时间分分秒秒地过去。当我们做完事情后，不应该留下任何遗留物，然而，这也并不意味着将它们抛诸脑后。如果理解了这一点，那么所有二元思考方式，以及所有的生命难题都将消失。

禅坐，就与禅合为一体。此刻，不存在一个分离开来的你，和一个分离开来的禅。同样地，当你叩首时，也不存在一个分离开来的你，和一个分离开来的佛，所发生的是一个完整的礼拜行为，就是这样。涅槃也是如此。当释迦牟尼将禅，也就是我们这种修行方式传递给摩诃迦叶时，他所做的仅仅是拈花微笑[1]而

---

1 拈花微笑：禅门典故，语出《联灯会要·释迦牟尼牟尼佛章》："世尊在灵山会上，拈华示众。众皆默然，唯迦叶破颜微笑。世尊云：吾有正法眼藏，涅槃妙心，实相无相，微妙法门，不立文字，教外别传。付嘱摩诃迦叶。"按：此典故不见于印度佛典，最早可追溯至唐德宗时期金陵沙门慧炬所撰《宝林传》。

已。在那个时候，只有摩诃迦叶领会他的微妙之意，其他人都不能做到这一点。

我们不知道这件事情是否在历史上真的发生过，然而其蕴意是存在的。拈花微笑是我们传统修行方式的一次演示，那种将万物弃诸脑后的行动是真正的行动，其秘密从释迦牟尼一直传递到我们自身。这才是禅的修行，它不是佛陀讲述的教义，也不是他为佛教教团生活制定的戒律。教义和戒律应该随着地域变化，或依据它们的人群的差别而改变。然而禅修的秘密却从未改变，它总是真实的，一直流传到今天。

对于我们来说，在这个世界上生活没有其他道路可走。我认为这是真实的，这一点非常易于接受，非常易于理解，以及非常易于实践。大家可比较以这种实践为基础的生活，与此时世界上，或人类社会里正在发生的事情，你将发现释迦牟尼留给我们的真理之可贵。它非常简易，而且修行也很简易。然而尽管如此简易，我们也不应该忽略它，有必要发现其伟大价值。

通常情况下，当事情很简单时，我们会说："噢，我知道它，它非常简单，所有人都知道它！"然而，如果我们没有发现其价值，它的重要性就不会体现出来，其效果跟我们不知道一样。对于这种文化，你理解得越深，也将越能理解它何以真实，以及这种思想何以是必需的。

取代那种仅仅批评自身文化的态度，你应该将自己的身心投入这种简单修行的方式，那么社会和文化都将从你的自身那里成长起来。对于那些过于紧密附着于自身文化的人而言，持批评的态度也是没有问题的。这种批评立场意味着他们正回到释迦牟尼留下来的、最简单的真理。

然而我们的方式只是聚精会神于简单、基础的修行，以及对生活的简单、基础的理解。我们的行动必须不留痕迹。我们不应该老想着一些有趣的观念，或某些美丽的事物，不应该到别处去寻觅好的事物，真理就在我们身边，只需你伸一伸手。

不执着于布施

不执着于布施，也就是说，不要执着于所布施之物。

相对而言，可以这样认为：自然界的万物、人类社会里每位存在者、我们创造的每一种起作用的文化成品，都来自或正在被恩赐给我们。然而，由于万物本自一体，我们实际上也正在给出自己的一切。

分分秒秒地创造出事物，这是我们生命中的喜悦。然而这里所说的，正在创造万物并总是向外给出某物的"我"并非"小我"，它是"大我"。当你给出某物时，会感到喜悦，尽管你没有认识到"大我"与万物的一体性。你之所以会觉得喜悦，因为在那个时候，会感觉自己与所给出的某物合为一体了，这就是相对于索取而言，给予能让人感觉更好的原因之所在。

佛教里有个说法"布施波罗蜜"，Dana的意思是"布施"，prajna的意思是"智慧"，paramita的意思是"穿越"或"到达彼岸"。我们的人生可以被视作一次渡越河流的旅程，其努力达到目标是"涅槃"，也就是人生的彼岸。生命里真正的智慧，即般若波罗蜜，要体现在人生之路的每个步伐里，如果真能如此的话，其实你已经到达彼岸世界了。真正的生活之道，体现在到达彼岸的每一步里。

布施波罗蜜是"六度"，即六种真正生活之道的第一种；其后依次是尸罗波罗蜜，即持戒波罗蜜第二，意思是遵守佛教戒律；羼提波罗蜜，即忍辱波罗蜜第三，意思是安忍；惟逮波罗蜜，即精进波罗蜜第四，意思是热心并且持续地努力；禅那波罗蜜，即禅定波罗蜜，意思是禅修；以及般若波罗蜜，即智慧波罗蜜。实际上，上述六种波罗蜜是一体的，只是说从不同视角观察生活，从而得到六种。

道元禅师曾说，"布施不执着"，意思是说，布施时不要执着于任何事物，给什么并不重要。一美分或一片树叶是布施波罗蜜，而在讲述佛教教义时，即使是一句话或一个词也是布施波罗蜜。如果以无执的态度来布施，那么所提供的是物事抑或佛教教义，都具有同等价值。只要是秉持正确的精神，我们所做的一切，我们所创造出的一切，都属于布施波罗蜜范畴。因此道元说："制造某物，或参与人类活动，也皆属于布施波罗蜜。为人们提供一条渡船，或为人们造一架桥，也都是布施波罗蜜。"实际上，告诉别人佛教教理，或许也是在为某人提供渡船！

例如，我们建造出飞机场和高速公路，并且当我们重复地说着"我创造，我创造，我创造"时，很快我们将会忘却谁才是那个创造出各类事物的真正的"我"，我们很快就会将神抛诸脑后了，这就是人类文化的危机。实际上，"大我"的创造就是布施，我们无法创造或占有为自己"制造"出的事物，因为万物都是神创造出来的，这一点不应该被忘却。

然而，因为我们确实忘记了谁正在创造，以及他创造的原因，我们开始变得执着于物质或交换价值。与神创造事物之绝对价值相比较，它没有丝毫价值。一个事物，尽管它对于"小我"而言不存在物质价值或相对价值，它自身也具备绝对价值。我们做任何事情，都应该以这种意识为基础，而不是以物质或自我中心观念的价值为基础。那么无论你做任何事情，都是在进行布施，也就是布施波罗蜜。

当我们以盘膝之姿而坐，就恢复了自己的基础性创造活动，或许，它的类型有三种。首先是禅修结束后对自我的意识。当我们禅坐时，就等于无，甚至不知道自己是否存在，只是坐在那儿；而当我们起身时，自己在那儿又出现了。这是首要的创造活动，因为当你在那里的时候，其余万物也在那里，万物在一瞬间被创造出来了。

当我们从无中现身，万物也从无中现身，我们将其视为一场新鲜的创造活动，它是无执的。其次，第二种类型的创造指的是，你行动、生产物品或准备一些食品，如茶水。最后，第三种创造活动指的是自身内部的创造，如教育、培植、艺术创作，或我们社会里的某种运行机制。

可以说，存在三种创造活动。然而，如果你忘却了第一种，也是最重要的一种，其他两种就如同失去父母的孩童，所谓的创造就等于零。

通常情况下，任何人都不记得坐禅，不记得神。人们在第二和第三种创造活动上努力耕耘，然而他们的活动并没有得到神的帮助。当人们没有认识到神是谁的时候，神又怎么能帮助他们呢？这就是我们在世间遭遇到如此多困苦的原因。当忘记自己创造活动最根本来源的时候，我们就如同那些因失去父母而不知所措的孩童。

如果我们理解了布施波罗蜜，也将理解我们何以为自己制造出如此多困境。当然，生存就意味着制造困境，如果我们没有出现在这个世界上，就不会给父母带来困难了！仅仅是出现在这个世界上，我们就给他们带来了困难。

不过没关系，任何事物都会制造难题出来。然而在通常情况下，人们以为自己死去时，一切都结束了，难题也消失了。然而死亡本身或许也会制造难题出来！实际上，我们的难题必须在此生解决或消散。然而如果我们意识到我们所做的或所创造的，真的只是"大我"的礼物，那么我们将不会执着于它们，并且不会为他人或我们自己制造出难题。

进而，随着时日流逝，我们应该忘却自己曾经做过的一切，这才是真正的无执着。我们应该做一些新鲜的事情，而为了做崭新之事，我们了解过去，这样就可以了。然而我们不应该时刻抓住我们曾经做过的一切，我们仅是回顾它罢了。

对于未来应该做的，我们也必须有一些思考。然而未来终究还是未来，过去终究已变成过去。而在目前，我们应该做一些新鲜的事情。这是我们的态度，也是我们生活在这个世界上应该采取的方式。

此之谓布施波罗蜜，为我们给出或创造出某物。因而，完全、彻底地做某事，也就意味着恢复我们真正的创造性活动，这就是我们坐在这里的原因。如果我们没有忘却这一点，万物将美好地存在下去。一旦我们忘却了这一点，这个世界将为混乱所充斥。

错误的修行方式

修行变贪婪时，你们会泄气。因此，大家应该感激自己遇到征象或警示信号，它们将呈现修行过程中的差池。

我们应该了解一些错误的修行方式。在通常情况下，大家修习禅定时，都非常理想化，你会为自己设立一个理想或目标，并努力去达成和满足。然而正如我经常所言，这个念头是非常荒唐的。其原因在于，当我们对修行产生了理想，自身就会萌生"获取"的念头，而一旦达成理想或达到目标，前一个"获取"的念头会繁衍下去，下一个"获取"的念头会逐次涌现。

因而，只要修行是以"获取"念头为基础，并且修行方式是理想化的，你们将没有时间去实际考虑完成理想。更进一步地说，你们将会满足于修行里的一点小收获。因为所欲达成的目标总是在前方，你们将会因前方的某个理想而牺牲现在，终至一无所获。

这种情况非常荒谬，根本算不上适宜的修行方式。然而，比这种禅坐修行理想化态度更糟糕的是与别人就禅定展开竞争，那是一种糟糕、低劣的修行。

我们曹洞宗传统强调"只管打坐"[1]。实际上，我们没有为自己的修行方式规定一个专有名称。当我们进行禅坐修行时，也就修行而已。并且，无论是否在修行里产生喜悦，我们也要去修行。甚至在瞌睡的当儿，我们也努力进行禅定的修习。就这样，日复一日地干同样的事情。情况尽管如上面所述，我们也持续进行禅修。此外，无论是否有人激励，我们的修行都将继续下去。

甚至当缺少教导师，只能独自禅修时，我想你也会发现一种方式，以正确判断你的禅修是否足够。当打坐累了，或禅修到令自己作呕，你也应该将其视作一个警告信号。当你所做的是一种理想化禅修，它会令你泄气；当你的禅修携带着"获得

---

1 语出道元，强调"打坐"在禅僧修行过程中的绝对重要性。

某物"的念头，那么它就不再是清净的禅修。

只修行变贪婪时，你们会泄气。因此，大家应该感激自己遇到征象或警示信号，它们将呈现出你行过程里的差池。在此时，需要忘记自己所有错误，并重新开始禅修，那么你将回到自己禅修的原初点。这一点非常重要。

所以只要将禅修持续下去，就是非常安全的。但是，坚持下去很难做到，我们务必找到勉励自己持续禅修的方法。

勉励自己持续禅修，同时又要避免卷入某些糟糕的修行方式，这么做非常困难，而独自将这种清净的禅修进行下去尤为困难，这就是我们需要一位禅修指导师的原因。如果有一位禅修指导师，我们将能修正自己的禅修实践。当然，与自己的禅修指导师合作一开始非常具有挑战性，然而尽管如此，我们也会安然远离错误的修行。

大多数禅僧都曾与他们的指导师度过一段困难时光。当他们谈论困难的时候，我们或许也会认为，如果没有这段艰难时期，就无法进行禅修实践了。这并非事实，无论我们禅修实践过程中有没有困难，只要将其持续下去，你就会在最真实的意味上拥有清净的禅修。甚至在我们没有意识到它的时候，也会拥有它。

所以道元禅师说："不要以为自己肯定能意识到开悟时刻的

到来。"也就是说，不论你是否意识到它，修行过程中都会真正地拥有开悟。

另一个错误是，为了在其中获得愉悦而修行。实际上，当修行投入愉悦感，形式上就不完美了。当然，这不属于糟糕的一类，但是与真正的修行相比较，它就不那么至善至美。在小乘佛教传统里，修行被分成四类：最好的修行是只管打坐，里面没有喜悦，甚至精神上的喜悦。这种方式就是只管坐禅，忘记自己的身体和精神感触，其修行是彻底忘我的。这是第四个，也就是最高的阶次。

较次的高级阶段是修行中仅感触到身体的愉悦。在这个阶段，你会在修行过程中感触到愉悦，并且，修行的持续乃是因为你在其中发现了愉悦感。

接下来的一个阶段，你将拥有精神和肉体愉悦感，或好的感觉。

中间这两个阶段，禅修之进行，乃是因为其中有好的感觉。

最后一个，也就是最初阶次禅修，在其中没有思虑，没有惊奇。

上述四阶次禅修对于大乘佛教也适用。大乘佛教传统里，最高阶次的禅修也就是只管打坐。

如果修行过程中遇到某些困难，这是一种警告，说明你的头脑里存在一些错误观念，务必小心对待。然而，不要因此放弃禅修，继续让它进行下去，同时知晓自身的弱点。在此，不存在获得某物的观念，不存在达到某个固定目标的观念。你不应说"这就是开悟"或"那不是正确的修行"。

其至在错误的修行方式里，当你对错误有所意识并且坚持打坐下去，那也算正确的修行。我们的修行不可能是完美无缺的，然而只要不因此泄气，我们就应该坚持进行下去，这就是禅修的秘密。

进而，如果大家意欲在挫折中找到激励，那么禅修直至疲累自身就是一种勉励。当坐禅疲累时，应鼓励自己。当你们心里产生"不想这么做"的念头之时，它就是一种警告标志。这就类似于牙齿状况不佳时感觉到牙痛，牙痛时就会去看牙医，我们禅修者的处理方法也与此类似。

产生冲突，源于某种顽固的观念或偏见。当所有人都知晓清净修行的价值时，我们自身所处的世界里将只会有微乎其微的冲突，这就是道元禅师，同时也是我们的修行方法的秘密。道元在《正法眼藏》里反复申明了这一点。[1]

---

1 此处所言《正法眼藏》，是日僧道元最重要的著作，其书名沿袭中国禅僧宋代大慧宗杲（1089—1163）所纂集历代禅林尊宿法语之《正法眼藏》。

懂得冲突乃是源于某种顽固的观念或偏见，就能发现各种修行方式的意涵，而不为其中任何一种所束缚。相反，如果不懂得这一点，将会轻易被某一种特别修行方式所束缚，并将会说出"这就是开悟！这就是完美的修行，这是我们的修行方式，其他的都不完美，我们的修行方式才是最好的"，这将犯下大错。

真正的修行，没有任何特定的道路。我们应该找到自己的修行方法，应该明了自己目前所拥有的修行方式是哪一种。明白某种修行方式的利和弊，那么就能无风险地按照某一种特定修行道路前行。然而，如果存在偏执的态度，就将会忽视该修行的弊端，仅仅强调它好的方面，因而最终，将遭遇该修行最坏的方面，并因发现太迟而泄气。这么做太愚蠢了，我们应该感谢那些古代的禅师，他们指出了这个错误。

不带任何目的的修行

在我们的修行方式中，锋刃总是面向自身。

我们的禅修没有特别的目的或目标，也不存在特定的崇拜对象。从这方面来看，我们的禅修确乎在某种程度上不同于一般的宗教修行。赵州[1]，这位中国伟大禅师曾说过："金佛不度

炉，木佛不度火，泥佛不度水。"[1] 无论如何，如果禅修直接指向某个特别具体的对象，例如泥佛、铜佛或木佛，修行就不会顺遂。

因此，只要禅修有个特定目标，那么修行将无法完全有益于你。当你向着那个目标修行的时候，它会有些益处，然而一旦你回归日常生活，修行对你就不起作用了。

你或许会想，如果修行没有目的或目标，我们将变得无所适从。但是出路还是有的，不带任何目的的修行将会限定你的活动，将会令你聚精会神于此时此刻正在做的事情。也就是说，替代那种头脑里有特定目标的，是限定你的活动。

当心灵四处游走，将没有机会将自身表现出来。然而，如果将活动限定在自己目前正在做的事情上，此时此刻的你就能将自己的真性彻底表现出来，它就是普遍的佛性。这就是我们的道路。

禅修时，我们将活动降低到最少的程度。只是保持正确的姿势，聚精会神于"坐"，这就是我们表达普遍本性的方法。那么我们就变成佛了，就能够表现出佛性。

因此，取代那种崇拜具体对象的态度是，仅聚精会神于

---

1 出自《赵州录》。

我们每刻的活动。叩首时，就叩首好了；打坐时，就打坐好了；用餐时，就用餐好了。如果如此这般行事，普遍本性亦随你而行。我们日语里有"一修三昧"或"一行三昧"[1]的话，"三昧"的意思是"心止一处"，"一修"的意思是"惟专一行"。禅修对所有人都适用。

在我们的修行方式中，锋刃总是面向我们自身，而不是远离自己。

上面所引用的赵州从谂禅师关于不同类型的三种佛的话，是针对那些将特定的佛作为拜祭修行对象的人说的。没有一种佛能完全满足大家的需求。然而，如果领会了我们修行的秘密，那么无论去哪里，你都是自身的"统领"。无论在何种情况下，你都不能忽略佛，因为你本身就是佛。只有"这个佛"才能完全地帮助你。

---

1 一行三昧：心专于一行而修习之正定。

研究我们自己

对佛教抱以某种深情并非重点所在，我们只要做自己应该做的就好了，如晚上用餐、上床休息。这就是佛法。

佛学研究的目的并不是去研究佛教自身，而是研究我们自己。然而，如果没有经过教导的话，研究我们自身几乎不可能。例如，想知道水究竟是什么，那么科学知识是必需的，而科学家需要一个实验室，在那里可以通过各种途径去研究水是什么。

如是这般，我们有可能知道水的成分有哪些，可以通过哪些形式存在，其特性是什么。然而如果这么做，也因此就不能了解水本身了。

对于我们自身，情形也同样如此。然而，如果仅是独自研习禅佛教，也不可能知晓自身里的"我"究竟是什么。通过教导，我们或许理解了我们的人性，然而"教导"并非我们自身，它是对我们自身的一些解释。

因而，如果执着于教导或禅修指导老师，那将酿成大错。当你遇到一位禅修指导师，你也应该此后离开他，应该保持独立。之所以需要一位老师，目的也在于此后的独立。如果不执着于老师，老师也将为你展示适宜你自身的修行方法。你是为自己寻求老师，而不是只为了寻求老师。

中国晚唐时期的禅师临济义玄[1]，分析了四种教导弟子的方法。有时他谈论学人自己，有时他谈论禅法自身，有时他为弟子或禅法做出解释，有时他不向弟子做任何解释。[2]

临济禅师知晓，即使不给弟子任何指导，弟子还是弟子。严格地说，没有必要教导弟子，因为弟子自身就是佛，尽管弟

1　临济义玄（？—867），唐代禅僧，历访诸方禅林名宿，后定居在镇州（河北正定），开创了禅宗史上影响最大的派别临济宗，有《临济录》传世。

2　此指四料拣，是临济义玄针对弟子和场合，随机所施设的四种教导规则。

子没有意识到这一点。

进而，即使弟子意识到自己的真性，但如果他执着于这种意识，就已经错谬了。

反之，在弟子没有意识到自己真性之时，他脑海里除真性以外什么都有；然而，当弟子开始意识到自己的真性，但如果认为自己所意识到的是他自己本身。这就构成大谬了。

当我们没有从老师那里听到教导，只是自己坐禅，这被称为"无教之教"。然而在某些情况下，这么做并不足够，我们因之需要听讲座并相互讨论。

然而我们应该牢记，在特定地点修行的目的，是研究我们自身。为了以后的独立，我们才进行集体研究。如同科学家那般，我们必须拥有一些手段来开展研究。我们还需要一位老师，因为不可能自己研究自己。

然而我们不应该犯错误，不能把从老师那里学得的东西当成自己的东西。跟随一位老师进行研究，是日常生活的一部分，不间断过程的一部分。在这种意味上，我们的修行和日常活动没有区别。因此，在禅堂里发现生命的意蕴，就等于去发现日常活动的意义。

我们是为了领悟生命的意义而进行禅修的。

当我在日本永平寺生活的时候，所有人都只是在做自己应该做的事情，就是这样。早上起床也同样如此，我们必须按时起床。在永平寺，当我们坐禅时，我们就坐下来；当我们拜佛时，我们就叩首，就是这样。并且当我们禅修时，我们并没有觉得自己不寻常，甚至也并不觉得自己在过庙宇生活。

对于我们而言，庙宇生活就是日常生活，而那些从城市里来的人却是不寻常的，我们见到他们的感觉是："噢！有些不寻常的人来了！"

然而，一旦我离开永平寺些许时间，再回到那里，感觉就不同了。我听到了修行中各种各样的声音，钟声、诵经声，我对此深有感触。泪水溢出眼眶，流到了鼻尖，以及嘴里。这是一个庙宇生活之外的人对永平寺氛围的感受，而那些正在修行的人实际上却没有感受到任何特别之处。

我相信这种感觉对所有事物都是适用的。多风的日子里，我们听到的松涛声，也许只不过是风絮正在礼拜，而松树只是矗立在风中。对于它们两者而言，这些是自然而然的。

然而，当人们谛听树间风声，或许会写首诗，或许会产生一些不寻常的感受。我想这就是万物的存在状态。

因此，对佛教有些特殊感受并非重点所在，无论这种感受是好的还是坏的，都不碍事，我们并不在乎这种感觉究竟是什么。佛教与好坏不相关涉，我们只是正在做自己应该做的事情，这就是佛教。

当然，一些激励是需要的，然而激励仅仅是激励，它不是修行的真正目的。激励只是一剂药，当我们泄气时，需要服药罢了。当我们拥有好的精神状态，我们不需要任何药物，应该区别药品和食物。在某些时候，药物是需要的，然而它并不是我们的食物。

因此，在临济义玄禅师所使用的四种修行方式里，最完美的是：不向弟子做任何关于他自己的解释，也不激励弟子修行。如果我们将自身看成身体的话，老师的教导可以被视作衣物。有的时候我们谈论自己的衣服，有的时候，我们谈论自己的身体，然而无论衣服还是身体，实际上都不是我们自己。

我们自身就在演示一场大的活动，而我们能表达出的部分，不过是这场大活动里的微小颗粒，如此而已。因而，谈论自己没有问题，但实际上没必要这么做。当我们张开嘴，就已经在表达那个"大的存在"，这个"大存在"包括我们自己。

因此，当我们执着于"大活动"里任何特定、短暂的形色时，谈论自身的目的不过是要纠正其间夹杂的误解。谈论我们的身体，以及我们的行动究竟是什么，是必要的举措，这样就不会对它们产生误解。因而，谈论我们自身的目的，是要去忘却自身。

道元禅师说："研究佛教，即是研究我们自己；研究自己，即是要忘却我们自己。"当你发现自己开始执着于真性的暂时性表现，谈论佛教就显得必要了，否则会将这些暂时性表现看成真性自身。然而，这些暂时性表现并非真性自身，但与此同时，它们又是真性自身。在一段时间里，在时间的微末阶段里，这些暂时性表现是真性。然而，它们并非总是真性自身，在紧接着的下一段时间里它们又不是了。因此，真性的暂时性表现并非真性自身。

有必要通过研究佛教认清上述事实。然而，研究佛教的目的，只是来研究我们自己，并忘却我们自己。当我们忘却自身时，我们实际上就是"至大存在"的真正活动形式，或者说，就是"真实"本身。

当我们认清这个事实，世界对于我们无论如何都构不成困扰，我们将开始享受自己的生活，不会觉得困苦。我们修行的目的，就是要领悟到这个事实。

与环境融为一体

当你成为自己，禅就成为了禅。当你成为自己，就会如其所是地看待事物。如此这般，你将与周围环境融为一体。

在明白我们分分秒秒所为何事之前，禅的故事，或者说"公案"[1]是很难参悟的。然而，如果我们确切知晓自己每一刻正在做什么事，"公案"对我们来说就不再构成困扰。

---

1 公案：原意指官府用以判断是非的案牍（文书），后转为禅宗用语，祖师、大德在接引参禅学徒时所作的禅宗式的问答，或某些具有特殊启迪作用的动作。此类接引禅徒的过程，往往可资后人作为判定迷悟之准绳，犹如古代官府之文书成例，故亦谓之为公案。

禅门里，流传至今的公案实在太多了。我此前曾经跟大家说过关于"青蛙"的公案，每一次说起这个公案时，大家都笑哈哈的。青蛙非常有趣，你知道，它也像我们一样坐着，然而它并不认为自己正在做的事情有什么特别之处。

我们进入禅堂打坐时，或许会认为自己在做特别的事情：当自己的丈夫或妻子睡大觉的时候，自己正在禅修！自己在做一些特殊的事情，而爱人却如此懒惰！这些或许是大家对禅修的理解。

然而我们不妨观察一下青蛙。青蛙总是像我们一样坐着，但是它们没有禅修的概念。请大家仔细观察一下它们。如果被某件事惹恼，青蛙会做个鬼脸。如果碰巧有飞虫经过，青蛙会突然伸出舌头将其吞下，并且是坐着吃东西的。实际上，我们的坐禅也是如此，没什么特别。

我手头上就有一则关于青蛙的公案。马祖道一[1]是唐代著名禅师，通常被称作"马大师"。马祖道一是禅宗六祖慧能弟子南岳怀让[2]的法裔。有一天，马祖道一跟随他的师父南岳怀让习

---

1 马祖道一（709—788），唐代禅僧，南岳怀让之法嗣，长期在江西传授禅，其禅法被称为洪州禅，其法脉被称为洪州宗。
2 南岳怀让（677—744），唐代禅僧，据说是六祖慧能的弟子，长期在湖南南岳传授禅，开创禅脉南岳一系，临济、沩仰等宗皆其衍化。

禅打坐。据记载，马祖道一体形魁梧，声音洪亮，而当他说话时，舌头会碰到鼻子。马祖道一的坐禅想必非常厉害，南岳看到他像座山，或者说像只青蛙一样坐在那里，就与他交谈起来。

南岳："你在干什么？"

马祖道一："我在坐禅。"

南岳："坐禅是为了什么？"

马祖道一："为了开悟，为了成佛。"

在座的知道南岳，也就是马祖道一的师父是怎么回应的吗？南岳捡起一块砖，开始在石上磨来磨去。需要提及的是，在日本，当砖块从窑中取出后，要经过打磨工序，以使其呈现漂亮的外观。因此，南岳捡起一块砖头开始打磨它。马祖道一，也就是他的弟子就开始问：

马祖道一："师做什么？"

南岳："磨砖做镜。"

马祖道一："磨砖岂得成镜耶？"

南岳："坐禅岂得成佛耶。汝学坐禅。为学坐佛。若学坐佛，'平常心'外无佛。如人驾车不行，打车即是？打牛即是？"[1]

此对话里，南岳的意思是说，无论你做什么，都是在禅修。

---

1 出自《祖堂集》卷三《怀让和尚章》。

真正的坐禅不拘泥于形式，如睡在床上，或坐在禅堂里。如果你的妻子或夫君睡在床上，那也是禅修。如果你想"我在这里坐着，我的爱人却在床上"，那么尽管你在此盘膝而坐，那也不是真正的打坐。

我们应该始终像青蛙那样，那才是真正的坐禅。

道元禅师对此则公案也做了评论，他说："此后马大师真正成为马大师，禅真正成为禅。"也就是说，什么是真禅修？就是在你成为你之时！当你成为你自己，那么无论你做什么，都是禅修。因为甚至睡在床上之时，大部分时间里，你或许也不是你自己。

如现在这样，尽管大家坐在禅堂里，然而我怀疑在真正意义上，你是不是你自己。

让我们来看看另一则著名公案。山冈禅师（铁舟）总是跟自己打招呼，说："山冈？"接下来他自己会说："是！"于是产生这样一连串的"山冈？""是！"。

他是独自在一个小的禅堂里生活，当然他知道自己是谁。但是有些时候，他迷失了自己。而无论在什么时候，只要他觉得自己迷失了，就会问候一下自己："山冈？""是！"

如果我们能像青蛙一样，那么我们会一直是我们自己。即便如此，青蛙有些时候也会迷失自身，摆出一副臭脸孔。

如果有飞虫从身边经过，青蛙会一下子伸出舌头将它黏住并吃掉它。因此我认为，青蛙会一直问候它自己。大家也应这么做。

甚至在打坐时，大家也会迷失自己。当你困倦，或心灵开始漫游，那么这个正在打坐的你就迷失了自己。当你的腿痛起来，或许会自忖"为什么我的腿这么痛啊"，那么你也迷失了自己。因为迷失了自己，你遭遇的困境就真的成为了困境。如果你没有迷失自己，那么尽管你遇到困境，也丝毫不成困境。

假使，你此时身处困境之中。然而，当你是困境的一部分，或困境变成你的一部分，那么困境就不存在了，因为你变成了困境本身，困境就是你自己。如果真能这么想，那么就无所谓困境与否了。

当你的生活总是环境的一部分，换句话说，当你身处当前，而回到自身的时候，那么困境就不会出现了。当你开始在与自己无关的某些幻觉里游荡，那么你的环境就不再真实了，你的心也不再真实了。

如果连你自己都成了幻觉，那么你所处的环境也同样变成朦胧的、雾团般的假象。而当你一旦处于幻觉之中，那么幻觉就不会消失。你将会被卷入接踵而至的虚幻观念里。大部分人生活在幻觉里，被他们自身的烦恼所卷袭，试图摆脱困境，然而只要活着，实际上就是生活在烦恼里。摆脱烦恼的方法就是成为烦恼的一部分，与其合一。

那么，你要鞭打哪一个，马还是车呢？你要鞭打的是自己，还是烦恼？如果你开始追问自己应该鞭打哪一个，那意味着你已经游荡了。然而，如果你真的鞭打马匹，车也就跑掉了。实际上，车与马并非不同。当你是你自己，那么鞭打马还是车就构不成问题；当你是你自己，禅修就成为真正的禅修。因此当你进行禅修实践时，你的烦恼亦在禅修，其他的万事万物也将进行禅修。

所以说，在你禅修的当儿，尽管你的爱人睡在床上，他或她也同样在禅修！然而，当你修习的不是真正的坐禅，那么你的爱人就是你爱人，你自己就是你自己，你们之间是如此地不同，而与对方分开。因此，如果你从事的是真正的修行，那么其他万物在同一时刻也在按照我们的方法修行。

这就是我们为何总是呼唤自己，像医生将自己作为医疗对象般核查我们自己的原因，这一点非常重要。此种实践必须毫无休止地时时刻刻进行下去。我们经常说："虽处星夜，破晓已至。"这句话的意思是，黎明与夜晚之间不存在空隙。此外，也有言："未至夏末，秋凉已来。"我们应该以这种方式来理解生活，以这种理解来开展修行，以这种方式来解决自己的烦恼。

实际上，你着手解决自己的烦恼就好了，只要你努力一心去做，也就够了。你应该不停地磨砺，这就是我们的修行。修行的目的不是把砖块变成珠宝，而是持续不断地打坐，这就是真正意义上的修行。

这不是一个是否能获得佛果，或令砖块变成珠宝的问题。我们带着这种理解在这个世界里工作和生活，这才是至关重要的一点。这就是我们的修行，是真正的坐禅。因此我们才说："吃饭时，就是吃饭！"我们当然明白，吃饭时所应该做的，就是吃掉面前的食物。

然而在某些时候，你不是在吃饭，尽管你正在做吃的动作，想法却不知飞到哪儿去了，并没有品尝嘴里食物的味道。只要大家吃饭时真的在吃饭就好，不要有一丝烦恼，因为这意味着你真正是你自己。

当你真正是你自己，你将会如其所是地看待事物，并因此与环境合一，这才是真正的你。那么，你就是在做真正的修行，像青蛙那样在修行，它是我们修行的典范：当青蛙成为了青蛙，禅就成为了禅。当你彻底地理解了青蛙，自然就开悟了。

坐禅，就是这样！

自我精神修养

那些领悟空之状态的人，遇到烦恼总能迎刃而解。

今天我们要分享的信息是"自我精神修养"，它的意思是说，不要逐物于外。这点非常重要，也是禅修的唯一方式。研究圣典、诵读佛经，或就地打坐，上述各种活动都应是禅。然而，如果你的努力或修行没有找到正确的方向，它就不起丝毫作用。它非但无济于事，或许还会腐蚀你的本性。其结果是，对于禅你懂得越多，被腐蚀得越厉害，心灵充塞垃圾，留下了污渍。

对于我们而言，从各种来源收集信息断片，这很正常。我们会认为，可以通过这种方式来增加我们的知识。实际上，如果依赖这种方式，我们最终将一无所获。我们对于佛教的理解不应该限于收集各种信息断片，寻求获得更多知识，相反地，你应做的是清净自己的心灵。如果心灵清净了，也就拥有了真正的知识。假使大家以纯粹、清净的心灵来听我们宣讲佛法，就能接受它，仿佛在听你已经知晓的内容。这就是所谓的"空"或无所不知的自我。

当你，知晓所有事物，这个时候的你，就如同漆黑的夜空一般。有些时候，会有一道火光闪现在黑色的夜空里，当它划过去时，你已经忘却了它，此刻，它所留下的只是漆黑的夜空。天空也从来不会对突然出现的雷电感到惊讶。当闪电出现时，你会看到奇景。当我们拥有"空"时，我们总是准备着，期待看到闪电。

中国庐山以其云雾奇景而闻名遐迩。我从未去过中国，但我想庐山一定非常美丽。云雾在山间穿行肯定是一大奇观。然而即便庐山已如此美丽，一首中国诗歌还是这样写道："庐山烟雨浙江潮，未至千般恨不消。到得还来别无事，庐山烟雨浙江潮。"诗句里虽说"别无事"[1]（一般般），然而它实际上美丽无

---

1 见 40 页前注。

比。这也是我们欣赏事物的态度。

因此，当你汲取知识时，应该将其当作你已经知道的内容接受下来。然而这并不等于说，接受各种信息时，仅把它们当作自身意见的回声。它只是表达如下意思：你不应对任何自己看到或听到的感到惊奇。

如果你接受事物时仅将其看作自身的回声，那么你就不会真正看到它们，就不会将它们如其所是地完整接受下来。

故而，当我们说"庐山烟雨"时，并不等于说在欣赏其景致时仅是回忆我们曾经见过的一些景点："它并不怎么精彩，我以前见过"或"我曾经画过漂亮得多的图画！庐山太平淡无奇了！"。这些并不是我们的方式。

你如果准备将事物如其所是地接受下来，你会将它们当作老朋友接纳进来，尽管会用新的感觉来欣赏它们。

进而，我们不应该储存知识，而应该从自己拥有的知识里解脱出来。假使你收集过各种知识断片，那么，作为知识集合而言是很好的，然而它并非我们的方法。我们不应该试图用自己拥有的珍稀珠宝令别人惊喜，不应该让某种特定事物成为我们的兴趣。假使你意欲完整地欣赏某个事物，那么在欣赏过程中，应该采取忘我的态度，接受它，就像接受闪电划过漆黑的夜空。

某些时候，我们认为自己无法理解不熟悉的事物，然而实际上，没有任何事物对于我们而言，是陌生的。一些人或许会说：“几乎无法理解佛教，它与我们的文化背景区别太大了，我们如何才能理解东方思想呢？”

当然，佛教无法与其文化背景相隔离，这是实情。但是，我生活在你们的文化传统里，享用几乎与你们一样的食物，用你们的语言与你们交流。尽管大家尚未彻底了解我，我也有了解大家的愿望。并且，如果说我对你的了解超过任何一位说英语、理解英语的人，这也是有可能的。尽管我目前尚未彻底理解英文，但我想自己可以利用它与人们进行交流。

只要我们共处在漆黑的天空下，生活在“空”中，就有相互理解的可能。

我已经说过，如果要理解佛教，大家需要很有“耐心”。然而，我正在寻找比“patience”更好的词语。日语词“忍”通常被译为“patience”，但是或许英译为“constancy”（坚定不移）更佳。当我们说“patience”时，意味着你必须强迫自己。而当我们说“constancy”时，里面就没有要做特定努力的含义，只是指一种恒定无变化的能力，将事物如其所是地接纳进来。对那些尚未领会“空”的观念的人而言，这种能力看起来就是“耐心”，然而“耐心”或许实际上是“拒绝接受”事物的。而那些领会，甚至只是直觉地理解"空"之状态的人，总是能够打开一种可能性，将事物如其所是地接纳进来。

他们在做任何事情时都能采取欣赏的态度。尽管这样看起来非常困难，他们总是有能力在"坚定不移"的精神下，解决烦恼。

忍，是我们自我精神修养的方式，是我们维持修行的方式，我们应该始终生活在黑暗且又空旷的苍穹下。天空始终是天空，尽管有云彩和闪电到来，天空都不受干扰。尽管开悟的光闪来临，我们的修行也将它忘得一干二净，同时也以这种态度等待下一次开悟。

对于我们来说，有必要经历一次又一次的开悟，如果可能的话，时时刻刻都有开悟。这就是我们所谓的开悟，它存在于你获得开悟之前，也存在于你获得开悟之后。

最佳沟通方式

不要刻意、花哨地整饬自身，将自己如其所是地表达出来，是最重要的事情。

禅修过程中，交流显得非常关键。因为无法流利地使用大家的语言，我一直在寻求更适宜的与大家交流的方式，我认为这种努力将会产生非常好的效果。我们常说，如果不能领会师父的话，你就不算他的弟子，所谓懂得自己师父的话或语言，就是去理解师父自身；而一旦你懂得了他，就会发现，他的语言并非我们平常所谓的语言，而是更宽泛意义上的语言。通过理解自己师父的语言，大家所领悟的，会超越其言语表面所及的内容。

当我们谈论某物的时候，我们的主观意图或立场总被卷入其中。因此，不存在完美的词语，在一种陈述里，总会出现意义扭曲。但是无论如何，通过倾听师父的陈述，我们不得不去理解客观事实，也就是终极事实本身。当说到"终极事实"的时候，并不是指某种永恒存在，或恒久不变的事物，我们所指的是那种时时刻刻都如其所是地存在的事物，你可以称之为"存在"（本质）或"实相"（真实）。

我们禅修以及佛学研究的动机，就是要将"实相"理解为某种直接经验。通过佛学研究，你会理解自己的本性、心智，以及日常活动中所呈现的真理。当寻求理解"实相"时，你可以将自己身上的本性也考虑进来。

但是，只有通过实际的禅修，你才能直接体验到实相，并且从自身真实的意思上来理解你的师父或佛陀所做的陈述。

在某种严格的意味上，实相不可言说。不过话虽如此，如果是禅的学徒，那么将不得不直接通过师父的言语来理解它。

至于师父的直接陈述，也许不仅是以言语的方式存在，他的行为同样也是表达自身的方式。在禅门里，我们也强调举止或行为。说到"行为"，我们并不是指应该采取的某种特定的举止方式，而是指自然地表达出自身。我们强调的是"坦率"。

我们应该真诚地面对自己的感觉，面对自己的心灵，务须没有任何保留地表达出你自己，这也有助于听众更容易理解你。

听别人说话时，我们应该抛弃自己的先见或主观见解。你所要做的，就是去聆听他说话，观察他的表达方式。我们几乎不强调对错或好坏，我们只要如其所是地观察与他相关的事物，接受它们，这就是我们彼此交流的方法。

通常，我们听到某个陈述，是将其作为自己的回声来倾听，我们实际上倾听的只是自己的意见。如果对方的言语和自己的意见一致，我们或许会接受；如果不一致，我们会拒绝，甚至不去真的倾听对方，这是我们在听别人说话时所遇到的一个危险。

另外还有一个危险，就是被囚禁在对方表述的牢笼里。如果不理解师父陈述的真实意义，将会轻易地被你自己主观意见里的某个成分，或被该陈述某些特定的表达方式所束缚。大家将会把师父的话仅仅看成一个陈述，而没有理解言语背后的精神。这种危险一直存在着。

类似地，父母和子女间做到顺畅沟通，也是困难的，因为父母在与子女沟通时，总是带着自己的意图。当然，父母的想法几乎从来都是好的，然而他们说话或自我表达的方式，却并非总是自由表达。父母与儿女的交流通常是片面和不现实的。

我们每个人也有自我表达的方式，并且难以根据环境不同而做出改变。如果父母能够做到根据每一处境，使用多种方式进行自我表达，那么在教育子女的过程中就不会遇到上面所说的危险。然而，达到这个阶段非常困难。

甚至于禅师也有自己独特的自我表达方式。日本西有禅师[1]责备弟子时总是会说："滚开！"他的一名弟子就按照他字面流露出来的意思，径直离开了寺院！然而我们都知道，西有禅师说那句话的真实目的并不是要驱逐这名弟子，只是他的自我表达方式有些独特而已。

西有禅师没有说"小心！"而是说"滚开！"，如果你的父母也有这个习惯，你们也会很容易误解他们。这个危险总会出现在你的日常生活中。因而，作为师父的一名弟子，或一个听众，有必要清净自己的心灵，不要陷入各种各样的扭曲。充满各种成见、主观意图或习惯性见解的心灵，不会看不到"如其所是"的事物。这就是我们禅修实践的原因：清净我们被其他各种事物干扰的心灵。

非常自然地对待我们自身，以及用最适宜的方式注意别人的言和行，是非常困难的事情。如果我们意欲以某种方式，可

1　西有（瑾英）穆山（1821—1910），总持寺第三任住持。

以以某种方式整饬自身，就会显得不自然。如果你意欲以某种方式整饬自身，其结局就是丧失自我。因此，不要刻意、花哨地整饬你自身，将你自己如其所是地表达出来，是最重要的事情。

如果这样做的话，就会令你自己快乐，也令其他人快乐。通过修习坐禅，将获得这种能力。禅不是某种花哨的、特别的生活艺术。我们的禅法就是去生活，一直在最真实、最准确的意味上生活。我们时刻以自己的方式做出努力。

在某种确切意味上，我们生活中实际上可以研究的唯一事物，就是我们每时每刻的所作所为。我们甚至无法研究佛陀的言语，其原因在于，在最确切的意味上研究佛陀的言语，意味着通过自己每时每刻面对的行动来研究它们。因此，我们必须将全部身心投入自己当下所做的事情上。并且，我们应该忠实于自己，尤其是忠实于自己的感觉，在主观和客观两方面都应如此。

即使在感觉并不太好的时候，较好的方式就是将自己的感觉表达出来，不附加任何特定内容或意图。你或许会说"噢！对不起，我感觉不大好"，这就够了。而不应该说"我如今这样，都是你的错"，如果这样就太过分了。你可以说："噢！对不起，我不应该对你如此生气。"同样，也没有必要在自己生气的时候，硬要说自己不生气；在这种情况下，你仅需提到"我生气了"，这样就够了。

真正的交流依赖于我们坦白地面对自身或彼此，禅师都是很坦白的。假使你不能直接通过师父的言语来领会"实相"，或许会遭到他的"棒喝"，他或许会对你喊叫："这是什么，说说看！"

禅门的方式是非常直接的。然而我们也知道，这不是真正意义上的禅。棒喝不是我们传统的方式，而是在我们想要表达自己的观点时，有的时候发现这种方式更容易达到效果。

但是，最佳沟通方式或许就是静默地打坐，无只言片语，你将领会禅的全部意蕴。因为，尽管我对你施加棒喝，直至我丧失了理智，或直至你因此丧生，也无法做到令你领会禅的全部含义。

最好的禅，就是只管打坐。

「大心」的表现

大心是表现出来的，而非计算出来的；是自身具有的，而非向外寻求得到的。

对我们的思考方式理解得越深，用言语谈论它就变得越来越难。我在这儿发言的目的，是将某些禅门之道的理念传授给大家，然而实际上，禅门之道并非言语谈论的对象，而是修行的对象。最好的方式就是不发一言，只管打坐。

当我们谈论禅之道时，其实是存在导向的，因为真正的禅之道至少有两面性：消极的和积极的。当我们谈及其消极一面时，积极的一面就漏掉了；当我们谈论其积极一面时，消极的一面就漏掉了。你并不能同时表达出它的消极面和积极面。因此，我们最终无法用语言来描述它。同样地，佛法几乎无法用语言来描述，因此不要说任何话，只管修行就是了，这是最佳的方法。伸出一根手指或画个圆相[1]，或简单地叩首，都是一种办法。

如果我们理解上述这点，我们就理解了应该如何去谈论佛法，也就拥有了最佳沟通方式。谈论，是我们修行的方式；倾听，同样也是我们修行的方式。当我们坐禅时，就坐禅好了，不要带有任何获取某物的观念。当我们谈论某事，谈论就好了，谈论它的消极面和积极面，不要尝试去表达某些知性的偏见。

我们倾听，而不去尝试推导出某些知性的内容，不尝试那种仅仅从单一视角出发的认识。这就是我们谈论自己的禅法，以及倾听别人发言的方式。

我们曹洞禅总是有其积极和消极的双重意蕴，曹洞禅之道既有小乘的一面，也有大乘的一面。我总是强调自己的修行是非常小乘化的，实际上，我们是以大乘的精神来进行小乘的修

---

1 画圆相：禅僧行为方式之一，描画一圆形图，以代表真如、法性、实相，或众生本具之佛性等。禅僧每以拂子、如意、拄杖或手指等，于大地或空中画一圆相，有时亦以笔墨书写此类圆相，表示真理之绝对性。

行：以无拘的心态来进行严格的、形式化的打坐修行。虽然我们的修行方法看起来非常形式化，我们的心灵却是不拘泥于形式的。

虽然我们每日清晨都以同样的方式坐禅，却没有任何根据来称呼它为"形式化修行"。形式化或非形式化，只是来自你个人的分别；就修行自身而言，不存在形式化或非形式化。如果你有一颗大乘的心灵，那么人们称之为形式化的方面，也可以是非形式化的。因此我们说，以小乘的方式遵守戒律，这一点如果从大乘之道来看，就违反了戒律。但是，如果你仅仅以形式化的方式遵行戒律，那么你就丧失了大乘精神。[1]

理解这一点之前，大家总会遇到如下困扰：我们的修行是否应该照搬书本上的戒条，以及是否应该关切我们以前那些拘谨的仪式。然而，如果彻底理解我们的禅之道，就不会产生这样的困扰，因为无论你做什么都是在修行。

只要拥有了一颗大乘的心灵，就不存在大乘或小乘修行的概念。尽管看起来似乎触犯了戒条，实际上却在真正含义上遵

---

1 大乘和小乘：指佛教二乘。小乘又名声闻乘，大乘又名菩萨乘。乘，是以车辆喻帮助众生获得解脱的理论和指导方法。二乘之称，是印度后期佛教对此前原始佛教与部派佛教的蔑称，自认为大，斥此前佛教为小。

守了戒条，关键在于你所拥有的是一颗"大心"，还是"小心"。

简言之，在做任何事的时候，不要去紧盯着它是好还是坏，以及在做某事的时候，投入你的全部身心，这就是我们的禅之道。道元禅师说过："当你与某人谈及某事的时候，他或许不会接受。但是尽管如此，不要尝试着让对方从知性上来理解，不要与他争辩，你只要倾听对方的反对意见，直到他发现自己错在哪儿。"

道元禅师的说法非常有趣：不要强迫别人接受你的观点，要站在别人的角度想想。如果你感觉自己赢得了讨论，这也是错误的态度。不要想着在争辩中赢过对方，你该做的只是倾听而已。然而，如果你的行为是以自己认输为前提，这同样也是错误的。

通常我们谈论某事的时候，一般倾向于售卖自己的理论，或灌输我们自己的观念。但是，在禅的学徒之间，说话或倾听都不带有特定的目的。一些时候，我们倾听；一些时候，我们说话。就是这样。类似于清晨的一句问候："早上好！"

经由此类交流，我们的禅之道也获得了发展。

不发一言或许是件绝好的事，然而我们没有理由始终保持沉默。无论你做什么，甚至包括无所事事，都是我们的修行，它们是"大心"的表现。大心是表现出来的，而非计算出来的；

是自身就具有的，而非向外寻求得到的。大心可以被谈论，或通过我的活动体现出来，或去品味。

如果我们如此这般行事，以我们的方式来遵行戒律，那么就不存在它是小乘之道，还是大乘之道的问题。只是因为你试图经由严格的形式化修行来寻求获得某物，它才对你构成一个困扰。然而，如果我们把自己遇到的任何困扰，都视作"大心"的一种表现，它就不再是困扰了。

某些时候，我们受到"大心"非常复杂这一情况的困扰。而在别的一些时候，"大心"简单到无法理解。大心始终是大心，只是说，由于你试图推导出它是什么，由于你尝试将复杂的大心简单化，大心对于你而言才构成了一个问题。

因此，在生活中是否遇到困扰，取决于你自己的态度，取决于你自己的理解。因为真理具有双重或矛盾的本性，如果有一颗大乘之心，理解起来就不会困难。

真正的坐禅，能够帮助我们获得这种大乘之心。

生死同一

生死同一。当我们认清这个事实，就会不惧死亡，生命里也不会再有本质意义的困境。

大家如果到日本永平寺参观，会在寺门外看到一座小桥，它被称作"半勺桥"。在道元那个时候，他每次从河流里打水，只取半勺，将剩下的半勺倒进河流里，而不是将它泼洒掉，这就是"半勺桥"名称的由来。

在永平寺，当我们洗脸时，我们所取水量仅占脸盆七成左右。盥洗后，我们将剩下的水向自己身体的方向倒掉，而非向旁边泼掉。

这种做法表达出对水的尊重。

然而，这种修行并不是以节约观念为基础。道元为何将半勺水倒进河里，这一点或许很难理解，这种做法也超出了我们的理解能力。

当我们体验到溪流之美丽，当我们与溪流合一，我们会本能地像道元那么做，那是凭着真性在做。然而，如果真性被经济观念或效率观念所蒙蔽，道元之道或许会变得毫无意义了。

我曾去过美国约塞米蒂国家公园[1]。在那儿，看到过一些大瀑布，最大的有 408 米高，飞流直下，如同一道帘幕。然而，大家或许没有想到，看起来，瀑布并非从山顶迅疾奔下。由于距离相当遥远，瀑布往下的速度显得非常缓慢。水也并非整幅奔下，而是分成许多股细流。所以，从一定的距离以外看，瀑布像一道帘幕。

我想，对每一滴水来说，从如此之高的山顶冲下来，肯定是一次非常艰难的体验。大家知道，一滴水要花很长时间才能到达瀑布底端。在我看来，人类生活也与此类似。我们的一生会遭遇到许多困难。然而我想，与此同时，水并非从源头就分离开来的，原本只有一整条河流。只是在它被分割开时，坠落下来才不那么容易。

---

1 约塞米蒂国家公园位于美国西部加利福尼亚州，内华达山脉西麓，峡谷内有默塞德河流过。占地面积约 2849 平方千米，是美国国家公园。

当以整条河流存在时，似乎水没有任何感觉。只有当分裂为大量的点滴时，水才拥有或表达出某些感觉。大家看到一整条河流时，不会感触到水的生命力；然而，当我们用勺子取少许水，就会体验到水的部分感觉，就会感觉到那些取用水的人的价值。

我们应该以这种方式感觉水，感觉我们自身，而不能仅仅以物质的方式取用它。水，是一个活的生命。

出生前，我们没有任何感觉。在那时，我们与宇宙"同一"，这被称为"唯心""心真如"或"大心"。而一旦我们出生，就与"同一"分离了，如同水滴因风和岩石所致，从瀑布中分离出来一样。我们因出生而有感觉，也因有感官而生烦恼，在不知道此类感觉缘何而生的情况下，就会执着于自己的感觉。

当我们没有认识到自己与河流或宇宙同一，就会产生恐惧。水就是水，无论它是否被分割成点点滴滴，我们的生死也与此同理。当我们认清这个事实，死亡就不会让我们恐惧，生命里就不会存在本质意义的困境。

当水返回其源头，与河流结为一体，它就不再具有任何个体感觉了，它就恢复了自己的本性，平静了下来。当水返回其本来所属的河流时，该多么高兴啊！

如果是这样的话，当我们死去时是什么感觉呢？我想，我们会类似于勺中之水，我们也会平静，完美地平静下来。不过在眼下，这种状态对于我们还是过于完美了，因为我们如此执着于自己的感觉，执着于个体的存在。对于我们来说，目前还有些惧怕死亡，然而，当我们恢复自己真正的本性，就达到了涅槃。

正因此，我们才说"涅槃即寂灭"。"寂灭"[1] 并不是一个充分的表达，也许"继续下去""进行下去"，或"加入"等是更好的表达。想尝试去发现关于死亡的更好的表达吗？一旦你发现了，将拥有对自己人生的相当多的解释，也会与我观看大瀑布里的水时所产生的经验类似。想想看，408 米高的大瀑布！

我们佛教里有句话："以有空义故，一切法得成。"[2] 整条河流，或整颗心，却是空的。当抵达这种认识，我们就发现了生命真正的意义。当我们认识到这一点，就发现了人生之美。但是，在我们认清这个事实之前，我们看到的所有内容都是幻象，有些时候，我们高估了美；有些时候，我们低估或忽视了美。这是因为我们的"小心"与现实状况并不相符。

仅是这样说非常容易，然而真实的感受它却不那么容易。

---

1 寂灭：指度脱生死，进入寂静无为之境地。
2 该句出自《中论·观四谛品》。

但是，大家可以通过禅修培育这种感觉。当大家全身心投入打坐时，保持身心同一，会轻易地达到这种了悟。日常生活将获得新生，而不再执着于传统那些关于人生的错误解释。

当大家认清这个事实，就会发现自己以往那些陈旧的解释是如何地无意义，以及自己曾做过多少无用功。大家将发现人生的真义。并且，尽管人生如同从瀑布之顶直坠山脚一般艰难，大家也同样可以享受这种过程。

用心理解

我们对禅的理解并不仅是一种知性的理解，真正的理解就是现实的修行自身。

禅传统的精神

如果你刻意追述开悟，就会造出业来，并受其驱使，这样做其实等于把时间浪费在黑蒲团上。

修行中最重要的事情，是我们的姿势以及呼吸。我们并不在意你对佛教的理解深入与否。佛学是一种深刻、宽广和体系化的思想，然而，禅所关切的并非哲学思想，我们强调修行。大家应该理解到，姿势和呼吸训练何以重要。我们所应做的，是拥有对禅法的坚定信仰，而非深刻理解佛教的教义，它告诉我们，每个人本源上就具备佛性，而修行就是以信念为基础。

菩提达摩[1]到达中国之前，几乎所有关于禅的著名概念术语都已经被人们使用了。例如，此前就有下面这个术语：顿悟[2]。将顿悟英译为"sudden enlightenment"并不够好，然而我暂时还是会用这个英文名。

对于我们来说，觉悟是一下子到来的，这才是真正的觉悟。在菩提达摩之前，人们以为顿悟来临之前，要有长时间的修行来做准备，因此，禅定修行就是获得开悟的训练。实际上，今天还有许多人按照这种理解来进行禅修。

然而它不是我们对禅传统的理解。

禅门里，从释迦牟尼牟尼流传到今天的理解是，当你开始禅修，甚至不需要任何准备，觉悟就已经存在了。无论是否在进行禅修，大家都本具佛性。因为本来就具有佛性，修行中才会有觉悟，我们所强调的不是修行达到的阶次，而是对我们本性和诚笃修行的信念。

我们应该像释迦牟尼一样诚挚地修禅，而如果我们本来就具有佛性，那么我们的举止应该像释迦牟尼那样，这就是我们禅修的依据。传承我们的禅之道，就是传承自释迦牟尼以来的

---

1 菩提达摩：传说中的禅宗创始人。

2 顿悟：与"渐悟"相对，指无须长期按次第修习，一旦把握住佛教真理，即可突然觉悟而成佛。

精神。因此我们必须用传统的方式协调我们的精神、身姿与活动。当然，大家的修行或许会达到某个特定的阶次，然而修行精神却不应该以自我中心主义观念为基础。

按照传统佛教的理解，我们人性里本没有自我。而一旦不存在自我的观念，我们看待生命就具有了佛的视野。自我观念是一种假象，覆蔽了我们的佛性。我们总是制造和追随假象，并且将这个程序无止限重复下去。如此一来，我们的生命开始被自我中心的观念彻底占据，这被称为"业力生命"或"业报"。[1]

佛教的生活不应该是业力的生活。我们修行的目的，是切断被业力支配的"盘绕之心"，如果我们正在努力获得开悟，那么就是在造业，并受其驱遣，这样做其实等于把时间浪费在黑蒲团上。依据菩提达摩的理解，任何以"获得某物"观念为基础的修行，都不过是"业"的重复。然而，许多后来的禅师将这一点抛诸脑后，他们强调要经由禅修达到某个特定阶次。

想要达到任何禅修阶次，更重要的是诚笃的态度，以及正精进。正精进必须以对传统修行的理解为基础，我们如果知晓这一点，也就对保持正确身姿的重要性有所领会。我们如果不

---

1 业力和业报：业力，指的是善恶之业有生起苦乐果之力用；业报，指业之报应或业之果报。

知晓这一点，就会把身姿及呼吸方法仅仅作为获得开悟的途径。如果持这样的立场，还不如吃点药好了，没必要在这儿盘膝而坐！

如果我们仅仅把禅修当成获得开悟的途径，那么就无法获得开悟！我们就无法领会成佛之道的意涵。然而，一旦我们对自己的禅之道有坚定信念，那我们就已经开悟了。当我们坚信自己的禅修方法，开悟也就来到了。然而，当大家无法对此刻进行的禅修的意义保持坚定的信念，那么你将无功而返，你不过就是盯着目标而心猿意马，只是在不停寻觅目标，却不知道自己究竟在干什么。

如果你想要观看，你应当睁开双眼。那么，在你不理解菩提达摩禅的时候，就等于闭着眼睛想要看到东西。我们并没有轻视开悟的观念，然而最重要的是当下，而非未来某一天。我们不得不付出当下的努力，对于禅修而言，这是最重要的事情。

如果我们的禅修采取错误方式，那么它与我们的通常活动，或心猿意马，毫无任何区别。这种方式看起来非常好，非常高邈，非常神圣，然而它实际上与心猿意马毫无区别。菩提达摩所强调的也正是这一点。

菩提达摩在开悟之前，他替我们尝试过各种努力，最终，他对各修行之道都有了透彻理解。释迦牟尼观察自身，并以同样的眼光观察其他人，而这种眼光与他观察草木、土石，及其他事物毫无二致。释迦牟尼对此有非常科学的理解。这就是他获得开悟之后的生活方式。

当我们秉承传统的精神，顺其自然地，不带任何自我中心观念遵行我们的修行之道，就会在真正意义上获得开悟。当理解这一点，我们将会在每时每刻做出自己最好的努力。这才是对佛教真正的理解。

因此，我们对佛教的理解并非一种知性的理解，我们的理解就是佛教的自我表达，就是修行自身。关于佛教究竟是什么的理解，不是通过哲学化的阅读或沉思，只能通过修行、切切实实的修行而获得。我们应该持续不断地进行禅修，带着对我们真性的坚定信念，打断业力的锁链化活动，在实际的修行世界里找到自身的位置。

无常的教义

在不完美的存在中找到完美的存在。

佛教的基本教义是无常，或变化。对于每个存在物来说，万事万物都在变化是一个基本真理，对此，没有一个人能够拒绝，它浓缩了佛教的整个教礼。无常，对于我们所有人都适用，并且无论我们走到哪里，该教义都真实不虚。

无常[1]的教义又可以理解为"无我"[2]。因为每个存在物都处

---

1 无常：谓世间一切有为法，即缘和合而生的一切事物皆生灭迁流而不常住。

2 无我：认为世界上一切事物都没有独立的、实在的自体，即没有一个常一、主宰的"自我"的存在。

于持续不断的变化之中，那么就没有一个恒久不变的"自我"。实际上，每个存在物是没有"自性"的，如果说有"自性"的话，那么它就是"变化本身"，它也是所有事物的"自性"，在每个存在物那里，不存在特定的、分离的自性。

这亦可以被称作"涅槃"[1]。当我们意识到万物皆变是一条永恒真理，并在对其真理性的认识中获得了平静，那么我们自身就已处于涅槃之中。

如果不接受万物皆变这一事实，我们就不能找到完美的平静。然而很不幸，尽管该教义至为真实，我们却很难接受它。因为无法接受"无常"，我们就会觉得痛苦，而痛苦根源于我们对真理的拒绝。苦难的原因，以及一切皆变，这两种道理不过是一枚硬币的两面。从主观方面看，"无常"是苦难之因，而从客观方面看，"无常"不过表达出万物皆变这一基本真实。

道元禅师曾说过，如果不是强加于你，那么教义听起来就不是真的教义了。教义自身是正确的，并且就其自身而言，并没有将任何东西强加给我们。然而我们人类的癖好是，当接受教义时，似乎将其视为强加给我们的。然而，无论我们认为它

1 涅槃：佛教用以作为修习所要达到的最高理想境界，有泥洹（huán）、寂灭等异名。传统上把诸行无常、诸法无我、涅槃寂静称作佛教的三法印。

是好的，还是坏的，真理就是真理。如果万物不存在了，真理也就不存在了。佛教之所以存在，是以每个特定物的存在为基础的。

我们应该在不完美的存在里发现完美的存在，在不圆满中发现圆满。对于我们来说，尽善尽美与不完美之间没有区别。之所以存在永恒，是因为不永恒的存在。在佛教里，期待我们生活的这个世界以外的事物的观点算是某种异端之见，我们并不寻求自身之外的事物，而必须从自身所遭遇的烦恼和痛苦中发现此世的真理，这是佛教的基本教义。欢愉与烦恼并无分别，好与坏也并无分别，好就是坏，坏就是好，它们是一枚硬币的两面。

因此，开悟就在修行之中，这是对修行，以及对我们人生的正确理解。因此，在痛苦中发现欢愉，是接受"无常"这个真理的唯一方式。不知道怎样接受这个真理，我们将无法生活在这个世界上。

假使尝试从世界中逃离，终将无功而返。假使我们还想通过其他方式领悟"万物皆变"这条永恒真理，那只是妄想。这是关于人如何生活在这个世界上的基本教导，无论你对其感觉如何，都只能接受它，并为此努力。

因而，我们不得不持续努力，直至强大到把烦恼当成欢愉来接受。实际上，如果我们对自己足够诚实，或足够坦白，接受这个真理并不困难。改变自己的思考方式是困难的，然而又并非总是那么困难，有时它显得困难，有时并不显得困难。如果感觉痛苦，那么万物皆变的教义会给你带来些快乐。

无论你对"无常"教义有什么感觉，改变思维方式，并且接受它，是非常重要的。

存在的本质

当大家做某事，假使聚精会神于行动并持有信念，那么你的精神状态性质上就与行动合一了。当大家专注于自身存在性质时，其实也在为行动做准备。

我们禅修的目的是达到存在的自由，肉体的或精神的自由。根据道元禅师的观点，每一种存在物都是巨大的现象世界里的一道闪光，每个存在物都是存在自身特性的另一种表现。

每日破晓时，许多星星经常映入我的眼帘。星星只不过是从天体传来的一道光，速度极快而路途遥远。然而对我来说，星星并非快速移动物，而是平静、稳定而又平和之物。

我们常说，"静中有动，动中有静"，实际上它们是一回事。

"静"或"动"不过是对同一事实的两种解释。我们的行动中有和谐感，而和谐处必有平静。和谐是存在物的特性，而存在物的特性不过就是高速运动罢了。

我们打坐时感到非常平静安详，然而实际上，我们不知道自己内部正在进行何种活动。我们生理系统的活动具备彻底的和谐，因此我们从其中感触到平静。

因而对于我们来说，没必要受安宁还是活跃、静止或运动问题困扰。当我们做某事，假使专注于行动并有一定的信心，那么你的精神状态性质上就与行动合一了。当我们专注于自身存在性质时，其实也在为行动做准备。运动不过是我们存在的特性，当我们坐禅之时，我们平静、稳重和安详坐姿的特性，就是存在自身大幅度的运动的特性。

道元的观点"每一种存在物都是巨大的现象世界里的一道闪光"，意味着我们的存在和活动具有自由性。假使我们以正确的身姿坐禅，并且秉持正确的理解，便会抵达存在的自由，尽管你只是个暂时性存在。

在这一刻里，你这个短暂的存在物并未变化，并未移动，并且总是独立于其他存在物。而在下一刻，另外一种存在物便产生了，我们便转化为他物。严格地说，昨日之我和此刻之我并无联系，根本不存在任何联系。

道元禅师说："炭不成灰。"灰烬就是灰烬，它们不从属于木炭，它们有自身的过去和未来。灰烬也是一种独立的存在，因为它们是巨大的现象世界里的一道闪光。并且，木炭和通红的火焰也是相当不同的两种存在物，黑炭也是巨大的现象世界里的一道闪光，在有黑木炭的地方，就没有红热的木炭。因此，黑木炭是独立于红热木炭的另一种存在物，灰烬独立于柴火，每一种存在物都是独立的。

　　今天我在洛杉矶坐禅，明天早晨就已经在旧金山了。洛杉矶之"我"与旧金山之"我"，其间不存在联系，它们是非常不同的存在物。在这种理解方式里，我们都拥有了生存的自由，你与我之间也没有任何本质联系。当"我"说"你"，其实不存在一个"我"；当"我"说"我"，也不存在一个"你"。你是独立的，而我也是独立的，每一个都存在于不同的时刻。

　　然而这并不意味着我们是非常不同的事物，我们实际上是同一的，是一个事物。我们既同一，又相互区别，听起来甚是矛盾，然而实情却是如此。因为我们是独立的存在，我们中的每个人是巨大的现象世界里的一道完整的闪光。当我在这儿坐禅，周围恍若无物，其他人都不存在了。

　　但是，这并不意味着我忽略了我们，我与现象世界中每一个存在物都是一体的。因此，当我打坐的时候，我们也在打坐，所有事物都跟我一起打坐，这就是我们的坐禅。当你打坐时，所有事物也随你一起打坐，万物都构成了你存在的本质。连我也成为了你的一部分，我进入了你的存在本质。

因而在禅坐修行中，可以完全摆脱一切事物。如果我们领会这个秘密，那么禅坐修行与日常生活之间便不存在区别。你可以如己所愿地解释任何事物。

精彩画作来自手指的感触。如果我们感受到画笔里墨水的浓度，那么在你动笔之前，画作就已经出现在眼前了。当你将画笔向墨汁里蘸墨，你就已经知道会画成什么样子了，否则绘画便不会成功。

因此在你做事之前，"存在"就已经在那里，结果就已经在那里。尽管你看起来是静悄悄坐在这里，却涵括了你过去和现在的所有活动，打坐的成就也已经在那里了。你根本没有在休息，你内部包括了所有活动。这就是你的存在，因而，你的坐禅含具了所有修行的结果。

这就是我们的修行，我们的坐禅。

道元禅师在孩童时就对佛教产生了兴趣，当时他观察到自己逝去母亲尸体火化时产生的焚香之烟，就觉得生命是一场幻灭。这种感觉从他的内部成长起来，并最终令他开悟，成就了他自己深刻的哲学。当道元观察到火化时产生的焚香之烟，感觉生命是场幻灭之时，他觉得非常孤独。

然而，这种孤独的感觉越来越强大，并在他二十八岁时开花结果，令其开悟。在开悟那一刻，道元叫喊道："没有身，也没有心！"在那一刻，他的全部存在变成巨大的现象世界里的一道闪光，这道闪光容纳万物，照耀了万物，这道闪光里含具了无限的本质，包含了所有的现象世界，也是一种绝对独立的存在。

道元的开悟就是如此，它起源于生命无常之孤独感，最终获得了关于其存在本质的强烈体验。

道元说："脱落身心。"[1]这是认为，既然你认为自己具有身或心，亦有孤独感，然而，当你认识到万物都不过是浩瀚宇宙里的一道闪光。那么你就会变得非常强大，你的存在变得意蕴非常丰富。

这就是道元的开悟，而它也是我们的修行。

---

1 脱落身心：指不受世俗肉体和精神活动干扰。

我们所说的『自然』

人们从虚无中诞生，这是生命的真正愉悦。

关于自然的观念，人们的误解很深。大多数到这里禅修的人坚信自由或自然，然而其理解在我们看来可以被称为"异端的自然"（译为"外道[1]自然"）。它的意思是说，规范无必要，只需采取随之任之，马马虎虎的方法就好了。大多数人所理解

---

1 外道：指佛教以外的其他宗教或思想，意涵上类似于儒家的"异端"。

的自然就是如此。

　　然而，我们禅传统理解的自然却并非如此，它极难解释，然而在我看来，自然就是独立于每个事物的感觉，或者是以"空"为基础的某个行动。自空而来的事物就是自然，如同种子或植物来自地面。种子里不存在某种特定植物的观念，然而它有自己的形式，并且与地面，与周围的环境处于完美的和谐之中。当种子生长，在时间进程中表现出自己的特性。

　　没有一个事物的存在离得开形和色，无论它是什么事物，都具备某种形色，它的形和色与其他事物处于完美和谐之中，没有任何不协调之处，这就是我们所谓的自然。就石头或植物而言，自然地存在无任何难处，然而对于我们人类来说，就会有些问题，而且确实是个大难题。我们必须努力去达到自然。

　　当所作所为仅仅来自虚无（空）时，你的感受会变得异常丰富，就好比饥饿时，吃些东西就是一种自然，感觉也是相当自然的。然而当大家渴求过多时，吃些东西，就显得不那么自然。你没有产生新的感觉，也不会陶醉其中。

　　真正的坐禅，是坐下来，如同饮水止渴，那么你便拥有了自然。瞌睡时小憩一番也是非常自然的，然而，小憩如果仅仅因为你懒散，仿佛认为人类有瞌睡的特权，那就不是自然。你会想"我的朋友都去睡觉了，为什么我不这么做呢？"，或者，

"其他人都没有在工作，为什么我要如此努力地工作？"，以及"他们都很有钱，为什么我没有钱？"。

这就不是自然。

因为在此时，你的心灵纠结于其他观念、其他人的观念，你不是独立的，你不是你自己，你也不是自然的。此刻的你尽管是盘膝而坐，如果打坐不是自然的，那也不算真正的修行。你在口渴时，没必要强迫自己去饮水，而要带着喜悦饮水。如果你在打坐中拥有真正的愉悦，那就是真正的坐禅。

然而，尽管你们不得不强迫自己坐禅，如果感到坐禅之中有佳处，那也是真坐禅。实际上，这不是一个是否要将某物施加于你自己的问题。尽管你们修行过程中遇到一些困难，然而只要想着坐禅，那也算自然。

此类自然难以言述。然而，如果你们能坐下来，体验修行里的空之实际，那么也就无须一言了。大家的行事如果来自于空，那么无论你做什么都是自然的，也是真正的行动。你们将享有修行和生活中真正的愉悦，一刻接一刻地，人们从空无中诞生，这是生命的真正愉悦。因此我们说"真空妙有"，意思是说："从真正的空里，奇妙的事物产生了。"

如果没有空，就不存在真正的自然，真正的存在也不可能。时时刻刻地，真正的存在都来自于空。空总是在那里，万物从其中诞生。然而通常情况下，你们会将空抛诸脑后，大家的行为也表现出仿佛自己已经拥有某物的样子。在此，你们所做的，是以某些积极的或坚实的观念为基础，这就不是自然的行为了。

例如，大家在听讲时，不应该带有任何自我的观念，并且要忘记头脑中已有的那些观念，仅仅去听别人怎么说。大脑空空就是一种自然。如此，你们将能够明白讲话者的意涵。然而，如果大家要将自己的某些观念与对方进行比较，你将把握不住说话的所有内容，你的理解也将是一种偏见，这就不算自然了。

你们在行事时，应该沉浸其中，应该将自己身心彻底地投注其中。那么在此时你就拥有了"空"。因而，如果你们的行动里不含具真正的空，那也不是自然。

大多数人会坚持某些观念。最近一段时间以来，年轻人喜欢谈论"爱"，爱！爱！爱！那么他们的大脑都被"爱"占据了。并且，当他们研究禅时，如果我所说的与他们拥有的"爱"的观念不一致，就不会被接受。你们知道，年轻人都非常坚持己见，这真令人惊叹！

当然，并非所有年轻人都执着于某些观念，然而部分人却持非常、非常强硬的立场，这完全不是自然。尽管他们也谈论爱、自由或自然，他们却没有真正理解它们，也无法以这种方式理解禅。

你们如果想研究禅，就应该忘记自己原先拥有的那些观念，只管打坐，看看自己的修行里究竟产生出哪些经验。这就算是自然。

无论大家在做什么，上述立场都是必要的。有些时候我们会说"柔软心"。"柔"的意思是"柔软的感觉"，"软"的意思是"并非强硬"，"心"指的是"心灵"。"柔软心"是一种平滑和自然的精神。如果你具有柔软心，就会品尝到生命的喜悦。而一旦丧失了柔软心，那么你就遗失了万物，你将一无所有。尽管你会认为自己已经拥有了一些东西，其实你一无所有。

然而当你的所作所为都来自于空，那么你就将拥有任何事物。大家明白这一点吗？我们所说的自然就是如此。

「空」的意识

研究佛法时，应该给自己的心灵来一次大扫除。

想要理解佛法，有必要忘记自己的全部固有观念，首先要做的，是放弃"实体"或"存在物"（实有）的概念。

通常我们对生命的看法顽固地根植于实体思想。对大多数人而言，万物都是实有，他们认为无论自己看到的还是听到的，都是实有。当然，我们看到或听到鸟儿，它是存在的。鸟儿存在，然而我认为的"存在"或许与大家认为的"存在"不完全一致。

佛教对生命的理解，包括存在和非存在两个方面，鸟儿在存在的同时又不存在。我们认为，仅仅以存在来看待生命，是一种外道（异端）的观点。如果你过于严肃地看待事物，好像它们是实体性或永恒性的存在，那么你就是外道。

大多数人或许都是外道。

我们佛教认为，真正的存在来自于空，并将复归于空。自"空"显现的存在才是真正的存在，我们必须进入空之门。这种关于事物存在的观念实在难以解释。今天，许多人至少从知性上，开始觉察到现代世界空之本质，或者说，他们文化里的自我矛盾。

例如，在过去，日本人坚信自己的文化和传统生活方式将永远存在下去，然而，到后来他们开始强烈怀疑这一点。在一些人看来，这种怀疑的态度很糟糕；然而实际上，"怀疑"比传统的立场更好些。

只要我们对未来有一些确定的观念或希冀，我们就无法真正严肃地面对自己当下这一刻。你或许会说，"这件事我明天做，明年做也行"，这种言论表明你相信，事物在今日存在，那么它明天也会继续存在。此外，甚至在没有付出很多努力的情况下，你也期待，只要遵循某种特定的方式行事，所希冀之物自会到来。

然而，没有任何特定方式具有永恒的效力，也没有人为我们设计出方法。实际情况是，一刻接着一刻地，我们必须找到自己的方法，其他人确立的某些圆满观念，或圆满的方法，对我们而言并非就是真的出路。

我们每个人都必须走出属于自己的、真正的道路，而当我们行事的时候，这条道路也将体现出普遍之道，这一点非常神秘：当大家彻彻底底地理解了一个事物，那么也就理解了所有事物。而当你试图去理解每一个事物，那么你将不理解任何事物。

因而，最好的方式是理解你自身，那么你就会理解任何事物。所以说，当你努力去寻找自己道路的时候，这么做也会帮助其他人，而其他人也同样会帮助你。大家寻找到自己道路之前，无法帮助其他任何人，其他人也帮不了你。为了在此真正意义上保持独立性，我们必须忘却自己头脑中的所有原本的内容，一刻接着一刻地去发现非常崭新的内容。这就是我们在这个世界上存在的方式。

我们因此说真正的理解来自"空"的意识。研究佛教时，应该对自己的心灵来一次房间大扫除，那就必须把房间腾空，将所有东西搬出去，彻底打扫房间。如果有必要的话，大家还可以将东西再搬回来。或许，你们需要很多东西，那就把它们一件一件搬回来。然而如果没必要的话，那也无须保留它们。

我们都曾见过飞鸟，有些时候，我们还会观察到它们飞翔的踪迹。实际上，我们无法看到鸟飞的痕迹，然而在有些时候我们觉得自己能看到，这种感觉很好。如果有必要的话，我们可以将腾出房间的东西再搬回来。然而在你将东西搬进房间之前，有必要将一些东西搬出去。如果不这么做的话，房间会被陈旧、无用的废物塞满。

有句话是这样说的："我渐渐止息了小溪潺潺的水流声。"当你行走在小溪边，你会听到小溪水流动的声音，其声响连续不断。然而，如果你想要令潺潺水声止歇，那么你必须有能力去停止它。这就是自由，这就是割舍。你的头脑中会闪现一个接一个的念头，然而如果想令它们止歇，你也能做到。

因此，当你有能力令小溪潺潺的水声止，你将会享受这种工作带来的感觉。但是，只要你头脑中有一些固定的观念，或者被某些习惯性做事方法所抓住，那么你就无法在其真正意义上欣赏它们。

大家如果想要寻求自由，那么你就无法发现它，而在我们有能力获得绝对自由之前，绝对自由这个念头自身有其存在的必要性。这就是我们的修行。

我们的道路并非只有一个固定的方向，有些时候我们向东走，有些时候我们向西走。向西走一里，同时也意味着向东走一里。通常情况下，如果我们向东走一里，那么它与向西走一里相反。然而，如果有可能向东走一里的话，那么也有可能向西走一里。这就是自由。

如果大家没有上述自由意识，那么就无法专注于自己正在做的事情。你可能会认为自己正在专注于做某事，然而在你获得这种自由之前，你会对自己正在做的事情有不安感，因为你正在受某种向东或向西的观念束缚，你的行动是分裂的，或具有二元性。只要大家被二元性所束缚，那么就无法获得绝对自由，也无法做到专注。

专注并非意味着努力去观察某物。禅修过程中，如果你试图去看一个点，那么五分钟内你将会觉得疲累，这并不是专注。我们所说的专注蕴含着自由。因而，你的努力应该指向"无"。

我们说，在禅修过程中，心灵应该专注于呼吸，然而，令心专注于呼吸的方法，是完全地忘我，也就是只管打坐，同时感觉自己的呼吸。如果我们专注于呼吸，那么也将忘我；反过来，如果忘我的话，那么也将专注于呼吸。我确实不知道孰先孰后。

因此，没有必要过分努力去专注于自己的呼吸，只要尽力去做就好了。如果我们持续这种修行，最终会体验到那种源自空的、真正的存在。

心
之
察
伺

心之察伺是种智慧。

谈及《心经》思想，最重要的一点当然是它的"空"[1]之教义。在我们理解"空"思想之前，万物看上去都是实体化的存在。然而，一旦我们认识到万物之"空"（本质上是空的）之后，它们都由假转真，即非实体化了。当我们意识到自己看到的所有事物都只是空的一部分，我们就不会执着于任何存在，并且会认为万物都不过是暂时性的形和色而已。

通过这种途径，我们认识到了每一种暂时性存在的真正意涵。当第一次听到万物不过是暂时性存在这个道理，我们中

---

1 空，指的是诸法性空。

的大多数人或许会失望吧。然而，此种失望源于那种对人和自然的错误观点，是因为我们观察事物的方式深深扎根于我们的自我中心意识，因此，当发现万物只是短暂的存在时，会觉得失望。

然而，当我们真正领悟了这条真理，就不会有痛苦。

上述《心经》也有言："观自在菩萨，行深般若波罗蜜时，照见五蕴皆空，度一切苦厄。"[1] 菩萨并非认识到这条真理之后，才克服苦痛，认清这个事实自身就能减轻痛苦。因而，领悟真理即是令自身解脱。

我们说"去领悟"，但是对真理的领悟却总是触手可及的。并非经历了禅修之后，我们才能领悟真理，甚至在我们坐禅之前，"领悟"就已经存在了，并非在我们领悟真理之后才达到开悟。

领悟真理就是生活自身：或此或彼地存在。因此，它不是一个理解或修行的问题，它自身就是根源性事实。《心经》里，释迦牟尼提及了这个根源性的事实，它是我们时时刻刻都要面对的。这一点非常重要，这也是菩提达摩的禅修之道。

---

1 意即：观世音菩萨运用深远的智慧观察到万物都是由色、受、想、行、识五种元素构成，而它们自身也是性空、不具有实在性，当他了解到这一点时，认识到一切痛苦皆为性空并因此都被化解掉了。

甚至可以说，在我们禅修之前，开悟就存在了。然而在我们之中存在某种错误的看法，即在通常情况下，将禅定的修行和开悟看作两件不同的事情。譬如说，这是坐禅，而坐禅好似一副眼镜，当我们需要禅修的时候，就类似于把眼镜戴上。于是我们看到了开悟。

这是一种错误的理解。眼镜自身就是开悟，戴上眼镜也是开悟。那么，无论你做什么，甚至没有做任何事，开悟就存在了，而且一直存在。这就是菩提达摩对开悟的理解。

"你"无法进行真正的禅修，因为"你"已经在禅修了。如果"你"不去进行真正的禅修，那么就已经开悟了，那就是真正的禅修。当"你"这么做的时候，你就创造出"你"或"我"这类坚实的观念，同时也创造出某些关于修行或坐禅的特定观念。因而在此处，"你"在靠右的一边，坐禅在靠左的一边，那么"禅坐"和"你"就是两个不同的事物，如果说"禅坐"和"你"的结合就是"坐禅"，那么它就属于青蛙的坐禅。

对于青蛙来说，其坐姿就是禅修。当青蛙跳跃的时候，那就不是禅修了。如果你真正理解"空，即万物当下存在"的道理，上述错误理解就会消失。统一的存在并非所有存在的积聚，它总是当下存在，并始终发挥作用的。这就是开悟。

故而在此处，实际上不存在特定的修行。《心经》里说，

"无眼、无耳、无鼻、无舌、无身、无心"。[1] 注意在此处，"无心"就是"禅之心"，它含具万有。

关于理解行为，最重要的是观察行为的顺畅和自由。观察和思考事物时，我们必须不受滞塞，我们必须毫无困难地、如其所是地接受事物。我们的心灵也应该足够柔软和开放，以如其所是地理解事物。我们的思考柔软之时，被称作"泰然自若的思考"，这种思考总是稳定的，它也被称作"正念"。散乱、多处分岔的思考不是真正的思考，思考里应该有专注，这即是正念。无论你是否有目标，心灵都应该是平稳的，并且不散乱，这就是坐禅。

没有必要努力按照某种特定方式去思考，我们的思维不应该是单面的。我们所应做的，只是全部心思去思考，不加造作、如其所是地看待万物。只是去看，并且准备投入全部心思去看，这就是坐禅。如果我们始终为思考做准备，那么就没必要为思考做出特定的努力。这就是正念。

正念即智慧。提及"智慧"一词时，我们的意思并非指向特定的思想体系或哲学，心灵的"察伺"即是智慧。因而，智

---

1 本句的意思是：从究竟空的角度看，眼耳鼻舌身意六根也是性空的。"无心"，在《心经》原文里指的是没有意识。铃木俊隆认为"无心"就是"禅之心"，这是对"无心"的引申性阐释。

慧可以是各类哲学或教义、各类探索或研究。然而，我们不应执着于某种特定的智慧，如佛陀教导的那些内容。

智慧不是一种可以学得的知识，智慧将来自于大家的正念。因此，关键是要"准备"去观察事物，"准备"去开展思考，这被称作心灵之"空"。

我们所说的"空"，不过就是坐禅而已。

“无”的信仰

日常生活中，我们的思考百分之九十九都是以自我为中心的：“为什么我会受苦？为什么我有烦恼？”

我发现，有必要，绝对有必要确立“无”的信仰。也就是说，我们不得不坚信某物，它没有形状和颜色，因为它在形状和颜色出现之前就存在，这一点至关重要。如果你一直为接受“我们看到的所有事物都是从无中显现”的观点而做准备，知晓诸如此类形状和颜色的现象性存在显现的原因，那么在那一刻，你将获得完美的平静。

当你们头痛时，肯定有头痛的原因。如果你们知晓自己头痛之因，感觉将会好一些。然而如果相反，你们不知道头痛之因，或许会说："噢！我头痛得厉害，也许是因为禅修方法不对吧，如果禅修方法好些，我就不会有这种烦恼了。"

如果你们真是这样理解自己的处境的话，那么在"获得圆满"之前，你们对自己或禅修将不会产生完美的信念。你们将忙碌地做出各种尝试，恐怕没有时间获致完美的修行——或许会一直头痛下去。

这种修行方法的确非常愚蠢，并且不管用。然而如果你们对自己头痛之前的某物具有信念，并且知晓自己头痛的原因，那么你自然会感觉好一些。头痛并不碍事，因为你的健康状况足以应付自己的头痛。如果你胃痛了，那么你的健康状况也足以应付一场胃痛，然而，如果你的胃对其糟糕状况麻木了，就会感觉不到胃子痛，那就真的很糟糕了！终将殒命于胃痛。

因此，每个人都绝对有必要"无"的信仰，空并不是"虚无"，它是某种事物，某种一直为采取特定形状而准备的事物，并且在它的活动中，有其原则、理论或真理。

我们将"无"称作"佛性"，或佛陀自身。当我们将其理解为终极真理时，它被称作"法"。当我们接受这个真理，并且把自己作为佛陀的一部分来行事时，或者说，根据佛教教义，我们称自己为"僧伽"。但是，尽管存在三种佛的形式（三身）[1]，它只是同一个存在，自身没有形状和颜色，但总是准备着将自己显现为特定的形状和颜色。

这并不仅仅是理论问题。它不仅仅是佛教教义，对于我们的生命而言，是绝对需要的理解。如果没有达到这种理解，宗教也帮不了我们。

大家禅修之时，或许听到过雨滴悄然自屋檐坠落的声音。稍后，绝美的雾气会在高树间游走。再稍后一段时间，人们开始工作时，会看见美丽的山岳。然而对某些清晨依旧躺在自己床上的人来说，雨声是恼人的，因为他们不知道自己稍后会看见丽日从东方飞升。

如果我们的心灵只关注自身的话，就会有这种担忧。然而，如果我们承认自己是真理或佛性的体现，我们就不会产生此类担忧。我们会想到："下雨了，然而我们不知道下一刻会发生什么，当我们走出去时，或许是美丽的一天，也有可能是暴雨天气。因为我们对此一无所知，那么现在就欣赏雨滴声就好了。"

---

1 三身：一般指佛之法身、报身、应身。法身，指佛法的绝对真理，也指存在于每个人心中的佛性，法身不现；报身，指的是修无量的福德和智慧所得的相好庄严，众生亦不得见；应身，指应所化众生之机感而化现，随宜显现各种形象不同的化身。

这种态度是正确的。

如果你们将自己理解为真理的暂时性体现，那么无论如何都不会遭遇困境。你将会欣赏自己所处的环境，欣赏自己能够成为佛陀伟大的创造性活动的一个精彩段落。这就是我们的生活方式，甚至在被困难围绕时也是如此。

用佛教概念术语来说，我们必须从自己"本已开悟"出发（本觉）[1]，继续修行和思考。惯常性思考是很自我中心的，日常生活中，我们的思考百分之九十九都是以自我为中心的："为什么我会受苦？为什么我有烦恼？"这种思考方式占我们所有思考的百分之九十九。例如，当我们研究科学，或阅读艰涩的佛经，很快会感到瞌睡和困倦。然而对于自我中心的思考方式，我们却总是两眼圆睁，兴致勃勃！

然而，如果开悟首先，在思考、在修行之前来临，那么你的思考和修行就不再是自我中心的了。至于说"开悟"，我指的是对"空"，对那种无形色，而又随时准备表现为形色的事物的信念。

---

1 本觉：指众生本有之觉性，它是众生先天的心体，自性清净，离一切之妄相，有觉知之德。本觉也是开悟的依据。

这种开悟是不可动摇的真理，我们在行动、思考和修行，它们正是以这种本源的真理为基础。

执着和无执

我们对美的执着，也是佛陀活动的一部分。

道元禅师曾言："虽处星夜，破晓已至；破晓虽至，星夜依旧。"该表述传达出从佛陀到禅宗祖师，从祖师至道元，最后直达我们自己的一种理解。夜与昼没有区别，它们是同一种事物：有的时候被称为夜，有的时候被称为昼，实际上都是一回事。

禅修与日常活动是同一件事。禅修就是日常活动，日常活动即是禅修。然而我们通常会想，"现在坐禅结束了，我们要去处理日常事务了"，然而这并非正确理解，它们其实是一回事，我们无处遁逃。如此说来，动中有静，静中有动，动静无别。

每一个存在物都依赖另一个存在物。严格地说，不存在分离的个体存在，它们只是"唯一存在物"的多种名称。有些时候人们强调"唯一性"个体存在，然而这并非我们的理解。我们并不强调特别的一个点，甚至不强调唯一性。唯一性固然是有价值的，然而多样性也非常精彩。有些人忽略多样性，强调"唯一绝对的存在"，然而这只是一偏之见。

上述理解为多样性和唯一性划出一道鸿沟，然而实际上它们是一回事。故而应该在每一个存在物中欣赏唯一性。这也是我们强调日常生活，而非某种特定心灵状态的原因。我们必须在每时每刻以及每一种现象里发现"实相"，这一点至关重要。

道元禅师曾说，"尽管每个事物都有佛性，我们却爱鲜花而非杂草"，这就是人性的真实面。然而我们对美的执着自身，属于佛陀的活动；我们不喜欢杂草，其自身同样属于佛陀的活动。

我们应该知晓这一点，如果我们领会此点，那么执着于某物也并无大碍。佛陀之执亦即无执，爱中有恨，或曰无执；恨中有爱，或曰执取。爱与恨都是同一个事物，我们不应该仅仅执着于爱，也应该接受恨。我们应该接受杂草，无论我们对它的态度如何。如果你不关心杂草，那么就不会喜爱它们；如果你喜爱它们，那么就去爱它们。

你们经常自我批评，认为自己对周遭环境不公平，在此，批评的是你们不接纳的态度。然而在通常的接纳方式以及我们接纳事物的方式之间，存在某种微妙的差别，虽然它们看起来非常类似。我们被教导说，夜与昼之间、你我之间没有缝隙，这说的是"一"；然而我们甚至都不去强调"一"，因为如果万物是"一"，就没必要特别去强调。

道元禅师说，"学习，就是知晓自身"，同理，研究佛教即是研究自身。学习，不是为了获得自己以前不知晓的内容，因为在你学习之前，你就已经知晓它了。知晓前的我与知晓后的我之间，不存在间隙。蒙昧与智慧间也不存在间隙。愚者即智者，智者即愚者。

然而通常我们会想："彼愚我智"或"我以前愚蠢，现在变得智慧了"。如果我们愚蠢的话，怎么可能变得智慧呢？然而，自佛陀传递至我们的理解却并非如此，而是认为愚者与智者之间根本不存在差别。

道理就是这样。然而，我这样说，人们或许会认为我在强调"一"，绝非如此，我们不强调任何事物。我们想要做的，是如其所是地了解事物。如果我们真如其所是地了解事物，那么就没必要特别指出其中的一点，因为无法抓住事物，也没有什么需要被抓住。我们不能强调任何一点。然而，正如道元所言："尽管我们喜爱花朵，花朵还是要凋谢；尽管我们不爱杂草，杂草还是照样生长。"即便如此，这还是我们的人生。

我们的人生应该按照这种方式来理解，那么也就没有烦恼了。因为我们强调某个特定点，所以我们总会有烦恼。我们应该如其所是地接纳事物。这就是我们理解万物的方式，也是我们生活于此世的方式。

　　这种经验超越了我们的思考能力。在思维领域，一与多有所区别；然而在实际经验领域，一与多没什么不同。因为大家自己制造出某些一与多的观念，所以便被这些观念束缚住了，并且不得不进行无止境的思考，虽然实际上没必要去思考。

　　从情感角度说，我们有许多烦恼，然而它们却并非真实的烦恼。它们是被制造出来的，是我们自我中心观念或观点提出的。因为我们提出某些事物，于是烦恼产生了。然而实际上，我们无法提出任何事物。欢乐即忧伤，忧伤即欢乐。困境之中有欢乐，欢乐之中有困境。虽然我们感触它们的方式有所不同，它们实际上并无不同，本质上是一样的。

　　这才是自佛陀传递到我们这里的，真正的理解。

平静地打坐

对学禅者而言，杂草就是珍宝。

某首禅诗说道："风定花犹落，鸟鸣山更幽。"在寂静世界里，事情发生之前，没有人感觉到寂静。只有其间某件事情发生了，我们才发现寂静。

在日本，也有如下格言："因云而见月，因风而见花。"

当我们看到月亮被云彩、树木或杂草遮住一部分，我们会觉得月亮是如此之圆。然而，当我们看见朗月当空，没有任何事物遮住它时，我们对月圆的感觉，与我们透过其他遮蔽物看到的月圆的感觉，并不相同。

我们坐禅的时候，心灵彻底静谧，感觉不到任何事物，只是在打坐而已。然而，打坐中获得的平静，对我们日常生活也有激励作用。所以说，实际上我们会在自己日常生活中，而非在打坐场合，发现禅的价值。

然而这并不意味着我们应忽略打坐，尽管我们打坐时感觉不到任何事物，但是如果我们没有打坐的经验，那么也无法发现任何事物。你所能发现的，不过是日常生活中的杂草、树木和云彩。大家看不见月亮。这就是你们总是抱怨的根源。

但是对于习禅者而言，对大多数人毫无价值的杂草，却是珍宝。如果采取这种立场，无论你在做什么，生活都变成了艺术。

大家禅修时，不应该尝试去获得某物。你们应该在心灵彻底安静，不依赖于任何事物的情况下打坐，只管让腰杆挺直，不东倒西歪或靠着其他东西。腰杆挺直，意味着不依赖任何事物。通过这种方式，你将获得肉体和精神两方面的、彻底的平静。相反，依赖某物或尝试在禅修中做其他事情，是种二元化立场，也就无法获得彻底的平静。

通常，在日常生活中，我们总是尝试去做某些事情，将某物转换成某物，或者获得某物。仅就"尝试"而言，它自身就是我们真正本性的一个表现，其意义体现在努力本身。我们应该在获得某物之先发现努力的意义。道元对此有言道，"开悟，应该在获得开悟之先",而并非在开悟之后才发现其真义。努力去做某事自身就是开悟。

当我们处于困境或沮丧之中,我们同样已具有开悟。即使我们身处污秽,也应该保持贞洁。通常,我们觉得生命无常,很难生存下去;然而,只有身处于生命无常,我们才能发现永恒生命的喜悦。

按照上述理解持续进行禅修,你自己也会获得提升。然而,如果我们想要获得某物,而又缺少这种理解,那么就无法正确地进行禅修。这是因为在努力奔向目标过程中,我们丧失了自我,最终会是一无所获,只是不断饱受困境的折磨。

然而如果我们持有正确的理解,就能够获得进步。那么无论你做什么,尽管做得并非十全十美,也是基于你最内在的本性而做,最终也会一点点达到目标。

下面哪个更重要些呢?获得开悟,或在获得开悟之前就已开悟?赚取一百万元,或点滴去赚,在自己的努力中享受生命的喜悦,虽然不大可能赚得一百万?获得成功,或者在通往成功的努力中找到努力的意义?

如果你不知道答案,那么你甚至无法进行禅修。如果你知道了答案,那么你将发现生命中真正的珍宝。

佛法的真义

未知佛法真义，却去谈论佛教到底是哲学还是教义，是一种亵渎。

虽然现在有许多人兴味于佛教，却几乎无人对其纯粹形式感兴趣。大多数人喜欢研究佛教的哲学或教义，将佛教与其他宗教进行比较，他们陶醉于佛教如何在知性上令人满意。

至于佛教是否在哲学上更深刻、良善或完美，这个问题无关紧要。我们的目的是让自己在其清净的形式里修行。有些时候我觉得，未知佛法真义，却去谈论佛教到底是哲学还是教义，是某种亵渎。

对于佛教、对于我们自身而言，集体禅修这一形式至关重要，因为这种修行是最本源的生活方式。如果我们不知道万物之源，我们就无法欣赏人生努力的结果，而我们的努力必须有其意义，发现自己努力的意义，即是去发现我们努力的源头，而在知晓源头之前，我们不应去关注结果。

如果源头不明晰、清净，我们的努力也不会是清净的，修行结果也不会令人满意。

当我们恢复自己的本性，并且在此基础上持续精进，那么就能欣赏我们时时刻刻、日复一日、年复一年努力的收获。这是我们欣赏自身生活的方式。

那些仅仅关心努力结果的人将没有机会欣赏，因为从来就不会有结果。相反，如果你的努力时刻都来自清净的本源，那么你所做的都将是良善的，无论你做什么，自己都会感到满意。

我们在禅定修行里恢复自己清净的生活之道，它已经超越了任何"获取"某物的观念，并且超越了名与利。在禅修中，我们所做的只是保持我们的本性，使其始终维持原初面貌。同时，没必要对这种本性进行知性化分析，因为它超越了我们理智理解的范畴。

对于本性，也没有必要去欣赏它，因为它超越了我们的欣赏能力。因此，只要坐禅就好了，不带有任何"获取"某物的观念，而是带着最清净的动机，保持本性一般的清净。这就是我们的修行。

禅堂里没有什么特别的事物，我们只是来到这里并且坐下，其后，大家相互交流一番，便各自回到自己的家，回到我们的日常活动。我们把日常活动看成清净修行的延续，欣赏自己真正的生活之道。

然而这么做并非寻常，无论我去哪儿，总是被问及"什么是佛教"的问题，他们总是准备了笔记本，以记下我的回答。大家可以猜想我当时的感觉！然而在此地，我们所做的，仅是坐禅而已，并且从中寻找到乐趣。

对于我们大家来说，没必要从知性上讨论"禅是什么"的问题。

某些人或许认为禅不是宗教，或许他们是对的，或许也可以说，禅是宗教之先的宗教。因此，禅或许不是通常意义上的宗教。然而，禅是奇妙的，并且，尽管我们无法从知性角度研究它是什么，尽管我们没有大教堂或让人遐想的装饰品，我们也可以领略自己的本性。

我想这一点是极不寻常的。

真正的佛教徒

其实，我们根本不是曹洞宗，我们只是佛教徒。甚至可以说，我们不是禅僧。理解了这一点，我们就是真正的佛教徒。

行、立、坐、卧是佛教里的四种活动，或四种行为方式（四威仪）。坐禅并不包含在这四种活动方式之内。根据道元禅师的观点，曹洞宗不是许多佛教宗派中的一个。中国的曹洞宗或许是许多宗派里的一个，但是道元认为，自己的修行之道不隶属于这诸多佛教宗派。

如果情况确实如此的话，你或许会问：为什么我强调坐姿，为什么我们强调禅修要有指导师？其原因亦可归结于坐禅这种形式并不属于上述佛教四种活动。

坐禅这种修行包含了无数的活动形式。此外，从历史上看，甚至在释迦牟尼以前，禅修就开始了，并且以后也将永远持续下去。因此禅之坐姿不能简单地与其他四种活动方式进行比较。

通常，人们强调其关于佛教的某一特定立场，或强调对佛教的某种特定理解。他们或许会想："这就是佛教！"然而，我们不能将自己的坐禅与人们通常理解的那些宗教实践进行比较，我们的禅法也不能与佛教其他教义进行比较，这就是我们需要一位禅修指导师的原因，因为他不执着于任何关于佛教的特定的理解。

在一般情况下，如果我们缺少禅修指导师，并且骄傲于自己的理解，那么就会遗失释迦牟尼教义的原初特征，而释迦牟尼思想是包含自身是包含各种类佛教教义的。

佛教包含了各种类的哲理，而坐禅这种修行也包含了生活中各种类活动，而且，我们并非仅仅强调坐姿。

坐禅即行动。我们研习如何通过"坐"来行动，对于我们而言，"坐"是最基础的活动，这就是我们以这种方式禅修的原因。

尽管我们禅修，但也不应称自己是禅宗。我们只是坐禅，比照着释迦牟尼来坐禅。释迦牟尼教导我们如何经由禅定修行来行动，这就是我们坐禅的根据。

做每件事，生活在每一刻，都是释迦牟尼暂时性活动的一部分。按照这种方式打坐，自己就成为了佛陀，成为了历史上的释迦牟尼。我们做任何事都要如是观，凡诸所为，皆是释迦牟尼的活动。那么无论你做什么，或者什么事都不做，释迦牟尼都存在于你的活动中。

正因为人们缺少上述这种对佛陀的理解，他们遂认为自身所做的是最重要的事情，却忘记了实际上做这些事的主人是谁；人们认为自己在做各种事情，然而实际上是释迦牟尼在做所有事情。

我们每个人都有自己的名字，但那些名字不过是"一个佛陀"的多个异名而已。我们中的每个人都有许多行动，但是那些行动全部都是释迦牟尼的行动。

如果不明了这一点，人们就会强调某种特定的行动。因此，当他们强调坐禅时，那就不是真正的坐禅，虽然坐姿看起来似乎是与释迦牟尼相同，然而他们与释迦牟尼对禅修的理解有霄壤之别。他们仅将这种坐姿看作人类最基本的四种形态，即行住坐卧之一，并且在想："我在打坐。"然而，坐禅包含了所有的姿势，每一种姿势都是佛陀的姿势，这才是关于禅修坐姿的正确理解。如果按照这种方式修行，那么它就是佛法。这一点非常重要。

正是由于这种缘故，道元并没有自称曹洞禅师或曹洞门下弟子，他说："其他人或许把我们称作曹洞宗，然而我们自己却没有理由自称曹洞宗，你们甚至不应该使用曹洞宗这个名称。"

其原因在于，没有一个宗派应该视自己为一个分离的宗派。宗派，只是佛教的暂时性形式之一。然而，只要各种佛教宗派不接受这种理解，只要他们继续以特定宗派之名称呼自己，我们也就必须接受如下这个暂时性名称：曹洞宗。

然而我想要做的，是澄清这一点。实际上，我们根本不是曹洞宗，我们只是佛教徒。甚至可以说，我们不是禅僧。理解了这一点，我们就是真正的佛教徒。

佛陀的教导随处可见。此刻窗外正在下雨，它正是佛陀的教诲。那些人们认为可以归于自身的修行之道或宗教理解，其实就是佛陀的修行之道和理解，然而人们却对自己正在倾听的、正在进行的，甚至自己身处何处一无所知。

宗教不是特定的教法，宗教无处不在，我们必须按照这种方式来理解佛教教法，应该忘却所有特定的教法，不去追问什么是善，什么是恶。不应该存在任何特别的教法，因为教法存在于每时每刻，存在于每件事物之中。

这才是真正的教法。

修行的基础

将虚妄转变为清净心的途径就是修行。然而，一旦你尝试驱逐幻觉，虚妄却会变得愈益顽固。你只需说"哦，不过是虚妄而已"，就够了。此外，切勿被其干扰。

我们应该在尚无修行和开悟之所开展我们的修行。相反，如果我们依旧只在有修行和开悟的地方进行禅修活动，那么就没有机会为我们自己创造出完美的平静。

换句话说，我们必须得对自己的真性有坚定信念，我们的真性超越自己的意识经验，而只有在意识经验里，我们才发现修行和开悟、善与恶的分别。

然而，无论我们是否有关于自己真性的体验，它都在那里，超越意识，真实地存在着。正是在那里，我们不得不建立我们修行的基础。

甚至头脑里有善念，也并非尽善。佛陀有时候说："你应该这样，你不应该那样。"但是，如果你时刻惦记他的话，也并非尽善。因为这对你依然构成某种负担，而且你实际上或许感觉并不是那样好。

其实，心中有些小恶念，甚至比始终将"何者善"或"何者当为"存诸心头，要更好一些。心存恶念，有些时候让人感到可亲，这倒真的如此。实际上，善或恶都不是问题的关键，你是否能令自己心绪平静，且具有持续性，才是关键点。

大家脑中有物时，就不会获得完美的平静。获得完美平静的最佳方式是放下所有事物，如果这样的话，你的心灵就是平和的，变得宽广和明净，足以如其所是地观察和感觉事物，并且不用费任何功夫。而要找到完美平静的最佳道路，就不必克制任何观念，无论它们是什么，将它们全部忘却，不留下思考的任何痕迹或阴影。

然而，如果你努力去止念，或思考那些超出自己意识能力的内容，那将只会对你构成另一个负担。诸如"我不得不在禅修过程里停止自己的思绪，然而我却无法做到，我的修行效果并不很好"之类的念头，同样也是错误的修行之道。

因此不要尝试去止念，不要管它们，放下它们就可以了。那么它们在你的脑海里将不会停留太久，它们会来亦自由，去亦自由。最终，你的心灵会变得明净，并且是"空"的，并将持续相当长的时间。

因而我们禅修过程中最重要的事情，是坚信自己的心灵本来就是空。佛教经典里，有时会使用大量类比努力去描述空之心。有些时候，我们使用一些宏大到难以计算的天文数字来描述该"空心"之大，言下之意就是不用再计算了，否则终将徒劳无功，并且丧失兴趣。此类描述或许会增加你对于那些不可尽数数字的兴趣，让你的脑袋停止思考。

但是只有在打坐时，我们才会拥有关于"空心"最清净、最真切的体验。实际上，"空心"甚至不是心灵的一种状态，而是心灵的原初本质，释迦牟尼和六祖慧能曾经体验到这一点。"心体""本心""本来面目"[1]这些概念都被用来描述心灵的绝对平静状态。

我们知道如何让身体休息，然而却不知道如何令意识活动休息。甚至躺在床上的时候，心灵依旧在忙于造梦境，总是处

---

1 本来面目：又称本地风光、本分田地，即身心自然脱落而现前之本具心性，在性质上等同于"心体"或"本心"。

于高强度活动状态中。这种状态并不是很好。

我们应该知晓放弃思考着的、忙碌心灵的方法。为了超越我们的思维机制，有必要坚信心灵之空，坚信心灵的完美休息，恢复其清净的、原初的状态。

道元禅师说道："你们当在无明[1]中展开修行。"尽管大家认为自己身处无明，依然具备清净心，自无明回到清净心的方法就是修行。如果在无明中也拥有清净心或曰本心，无明将会消失。当你说"这是无明！"之时，无明将羞惭万分，无法停留，最后遁逃了。因此，务必在无明中建立修行。拥有无明也是一种修行，是开悟之前的开悟，因为尽管没有实现开悟，却拥有悟性。因此当你说"这是无明！"之时，它实际上自身就是开悟。

相反，如果大家试图驱逐无明，无明却会变得更加顽固，你的心灵也会越来越忙于应付它，这样就不大好了。你们仅需说"噢！不过是无明而已！"，却不受其困扰。当你仅是观察无明的时候，你依旧有真心[2]，平静、平和之心。而当你开始对付无明时，马上就被它席卷而去。

---

1 无明：泛指无智、愚昧，特指不解佛教道理之世俗认识，为"烦恼"之别称。
2 真心：真实不妄的本心。

172

因此，无论你是否开悟，只管打坐。当你努力去获得开悟之时，会给心灵造成大的负担；那个时候，你的心灵就会不够宁静，以如其所是地观看事物。相反，如果你真能如其所是地看待事物，那么你就能应如其是地看待事物。

一方面，我们应该获得开悟，而且事情本来就应该如此；然而在另一方面，现实情况是：只要我们依旧是身体性存在，那么是很难获得开悟的。目前情况就是如此。

但是，如果我们现在就开始坐禅，我们本性中的两个方面都会被唤起，而我们也会同时从应然和实然两个方面看待事物。而因为我们目前境况不是很好，我们想要变得更好些。然而，当我们获得超越的心灵，我们就超越了事物的实然和应然两个方面。在我们的本心之空里，它们是一体的，是一回事。正是在那里，我们发现心灵完全平静的一面。

通常情况下，宗教是在意识领域里获得发展，并且寻求令自己的宗教组织更完美，盖起美丽的建筑，创造出音乐，发展自身的哲学，等等。上述皆属于意识世界里的宗教活动。

然而佛教重视的是非意识领域，它的最佳发展道路是坐禅：只管打坐，并且对自己的真性有坚定的信念。打坐这种方式远比读书或研究佛教哲学更佳。

当然，佛教哲学的研究也非常必要，它会令你的信念更加坚定。佛教哲学如此地具有普适性与合理化，以至于它不仅是佛教的哲学，而且就是生命本身。佛教教义的目标指出，生命本身存在于我们清净本心里，它超越了意识。

所有的佛教修行，其构建的目的都是维护这个真教义，而非要以某种奇妙和神秘的方式来宣传佛教自身。

然而，哲学讨论并非理解佛教的最佳方式。如果你想要做一个诚挚深切的佛教徒，最好的方式就是坐禅。很幸运，就坐禅而言，我们有此地这样一个好处所来打坐。对于"只管打坐"，我们有必要确立坚定、宽宏和稳重的信念，这样就足够了。

佛陀的启示

假使大家为自己的成就而骄傲，或因自己的努力过于理想化而泄气，那么你的修行会被限制，如同高墙里的囚徒。

我很高兴在佛成道日[1]这一天来到这里。佛陀当天在菩提树下开悟时曾言："能够观察众生和万物都具有佛性，是多么奇妙啊！"在此，佛陀的意思是说，当我们禅修的时候，都拥有佛性，禅修的每个人都是佛陀自身。就修行而言，他并没有特指菩提树下坐禅，或盘膝打坐的姿势。然而真实情况是，对于我

---

1 佛成道日：又称腊八节，指释迦牟尼牟尼在菩提树下端坐开悟之日。中国佛教徒依禅宗之习，于腊八（阴历十二月八日）以米及果物煮粥供佛，称作"腊八粥"，后演变成民间习俗。

们而言，盘膝的坐姿是最基础的、最本源的道路。实际上，佛陀的意思是说，山岳、树木、流水、鲜花和草木，一切事物皆为成佛之道。其意涵是，每一个事物都以自己的方式，参与了佛陀的活动。

然而万物的存在方式，在其自身意识领域内，都无法被万物自己理解。我们听到和看见的，其观念仅反映我们实际存在状况的部分或有限的内容。然而，当我们存在，并且只是以自己的方式存在，我们也以自己方式呈现佛陀自身。

换句话说，当我们从事诸如打坐之类的实践，成佛之道或佛性就寄寓其中。如果我们追问佛性究竟是什么，它就消失了；而如果我们只管打坐，我们对佛性就有了完整的理解。领悟佛性的唯一方式就是坐禅的修行，类似于我们在这里的行事。因而，佛陀所说的佛性，就是他如其所是地存在，是超越了意识领域的。

佛性即是我们的本性。在我们坐禅修行之前，在我们以意识概念术语确认它之前，我们就有佛性。故而在这种意味上，我们所进行的任何活动无不是佛的活动。当你想要理解这一点，那么你就无法理解。而当大家放弃理解它的努力时，真正的理解就出现了。

通常情况下，我会在禅修结束之后做一番演讲。然而人们来到此处的原因，并非仅是要听我的演讲，而是为了禅修而来。这一点应该时刻放诸心头。我之所以面向大家讲话，目的是要激励大家以佛陀之道来修持。

因此我们说，尽管大家已经拥有佛性，但如果你们依旧处于坐禅抑或不坐禅观念的支配下，或无法承认自己就是佛陀，那么你既不理解佛性，也不理解禅修。然而，如果大家如佛陀那般坐禅，那么你就会理解我们的修行之道究竟是什么。我们谈的并不多，然而我们也经由行动开展有意识或无意识的相互交流。无论是否使用语言文字，我们都要保持足够的警觉。如果你忘记这个要点，那么也就忘却了佛教里最重要的思想。

无论我们去哪里，都不应该丢掉自己的生活之道，即"我就是佛""我就是主人公"[1]。无论你们在何处，都应该使自己成为周围环境的主人，它意味着大家不应该放弃自己的生活之道。那么你就成为了佛，因为假使你以这种方式存在，你就是佛自身。你不是要努力去成为佛，而是当下即佛。这就是我们获得开悟的方法。获得开悟，就是始终令自己与佛在一起。经由反复做这同样一件事情，我们就会抵达这类理解。

然而，如果你忘却这个要点，却为自己的成就而骄傲，或

---

1 主人公：禅宗术语，指众生自身具有的佛性。

因自己的努力过于理想化而泄气，那么你的修行反而会被限制，如同高墙里的囚徒。我们不应该将自己囚禁在自造的围墙里。

因此在禅修时段，大家所需要做的，就是起床，来到这里，与禅修指导师一起打坐；其后，倾听他的言语，与他进行交流；然后再回到家里。上述所有程序都是修行的一部分。

依照这种方式，不带有任何获得禅修成就的念头，你就始终是佛了，这才是真正的禅修。如此这般，你或许就理解了佛陀成道后所说的第一句话："奇哉，奇哉，一切众生皆有如来智慧德相！"

禅之心

雨歇前，我们可以听到小鸟的啼叫，甚至大雪覆压下，我们也能看见雪莲花，以及初生的事物。

我将大家视为需要某种特定修行的特定群体，这里所说的特定修行不完全是出家人的修行，也不完全是在家信众的修行，你们在找寻适宜你们自身生活之道的路上。我认为这就是我们禅修共同体，我们群体的特征。

　　然而也有必要了解我们本源的、未经分割的修行之道，以及道元的修行之道。道元禅师说过，有些人或许会获得开悟，有些人则不会。我对这一点非常感兴趣。

　　尽管我们在此处都运用同一种方式，进行同一种基础性修行，然而有些人会获得开悟，有些人则不会。

　　这就意味着，尽管我们缺少开悟的经验，如果我们以关于修行的正确态度和理解为基础，以正确的方式打坐，那么这就是禅。

　　禅，它的要点是严肃地进行禅修，最重要的态度是对"大心"的理解以及对它的信念。

我们已经提到过大心、小心、佛心、禅心，我们知道，这些词有其各自的含义。

然而，对于其含义，我们不能或者说不应该以经验的术语来理解。我们曾谈论过开悟的经验，然而它却不是我们拥有的，可以用好和坏、时间和空间，以及过去和未来等术语表达出来的经验，如果说开悟经验是一种经验或意识，那么它也超越了上述二元区分，超越了感觉范畴。

因此我们不应该追问："开悟经验是什么样子的？"提出此类问题，说明你不知道禅的经验是什么样子的。开悟，是不能用一般思考方式来追问的。只有在不把此类一般思考方式卷进来的时候，才能理解禅的经验究竟是什么。

我们必须对之报以信念的"大心"，并非客观的、可体验到的内容，"大心"始终伴随在你左右。我们都知道，大家的双眼都在自己的左右，然而你们看不到自己的双眼，你们的双眼也看不到它们自身。眼睛只能看到外面的事物，看到客观的事物。

同理，如果思考"你们自我"，该"自我"就不再是你真正的"自我"了，你不能将你们"自我"作为某个客观事物来展开思考。

那个在你左右的心，不是肉体内的心，它是"普遍心"。

"普遍心"总是同一的，不因人而有区别，在你左右的"普遍心"，与在别人那里的"普遍心"并无不同。"普遍心"就是"禅心"。

"禅心"是"普遍心"或"大心"，它非常非常之大。你看到的一切都在"大心"范围内，你的"真心""普遍心"或"大心"一直与你看到的事物相伴。

尽管你不知晓自己的"普遍心"，它也总是在那里，在你眼睛所及的每一刻，它都在那里。这一点非常有趣，你的"普遍心"总与自己观察到的事物相伴。所以你们可以了解到，这个"真心""普遍心"或"大心"就是万物。

"真心"是一颗时刻在观看的心。你不能说："这是我自己，我的小心，我的有限的心，那个才是大心。"如果这样想的话，就限制自己了，把自己的真心给束缚住了，将心物化了。

菩提达摩曾言："欲观于鱼者，未见鱼而先见水。"实际上，当你观水之时，也会看见真的鱼。见到佛性之前，你应先观察自己的心灵。当你观水之时，真性即在彼处，真性即所观之水。

当大家说"我的禅修糟糕透了"之时，"真性"也在这里，然而你并没有意识到它，这显得很愚蠢，因为你有意识地忽略它了。我具有极其重要的意义，正因有我，你才能观察自己的心。

此处所言的我，并非"大我"，它是不间断活动的我，它在水中游，在天空中展翅飞翔。提到"翅膀"，我指的是思考或活动。浩渺的天空就是家乡，我的家乡，没有小鸟，也没有空气。当鱼儿游泳时，水和鱼化为一体了，水成为鱼的一部分，故所剩只有鱼儿。大家明白了吗？

你们不能通过解剖找到佛性。对现实的把握，不能通过思考或心灵感觉进行。时时刻刻观察自己的呼吸和坐姿，这就是真性，除此之外，没有秘密可言。

我们佛教徒没有单独的心或物的观念，或心所生物的观念，乃至心归属于物的观念。相反，我们总在谈论的，是心和身，心和物总是合一的。然而你如果没有仔细听，那么我们似乎在探讨某些存在物的属性，探讨物质的或精神的，或许，只是在讨论它们的一个版本。

然而实际上，我们提出来的是心灵，它就是"真心"，并且总在此岸世界。开悟的经验，就是去发现、去认识、去理解这个心灵，它总是伴随在我们左右，但我们却看不到它。

大家理解了吗？如果你以为开悟就类似于看见夜空中闪耀的明星，这样看起来很美丽，而且你会想："啊，这就是开悟！"然而，这并非开悟。这种理解是名副其实的外道（异端）之见。

尽管你不明白这一点，在这种理解方式下，你只有物质化的观念。

许多开悟经验类似于上述情况，他只存在物质的成分，只是心灵的对象，仿佛是经由优秀的坐禅就能发现闪耀的明星。这种观念是自我的、客观的，然而却并非寻求开悟之道。

禅宗以我们的真性，以及修行里体现出来并认识到的真心为基础。禅不依赖于特定的教义，也不会用教义取代修行。我们坐禅的目的是要体现出真性，而不是为了获得开悟。菩提达摩的佛教思想就是去禅修，去开悟。在最初阶段，这似乎是某种信念，然而到了后来，它似乎已是弟子可以感觉到，或实际拥有的内容。

百丈怀海制定了清规，以及中国禅生活之道。对于表现和传递真心的自由，百丈很有兴味。我们生活的禅之道将禅之心传递下来，它就是以百丈清规为基础的。

我想，我们群体以及在美国的禅弟子们，自然也需要某种生活方式。

正如百丈在中国建立禅门生活之道，我想我们也必须建立美国禅门生活之道。我不是在说笑，我是非常严肃地谈到这一点。然而，对此我也不想过于严肃，如果我们变得过于严肃，我们将丧失自己的生活之道。相反，如果采取游戏的态度，也会丧失我们的生活之道。

我们必须有耐心与恒心，一点点地，为自己寻找道路，寻找到与我们自己，以及与其他人相处的生活之道。

在这条道路上，我们将发现适合我们的戒律。如果我们致力于努力修行，关注禅修，并且组织我们的生活，我们会更好地开展打坐，并将明白自己究竟在干什么。

然而大家务必小心地对待戒条及自己确立的生活之道。过于严格的话，或许会挫败你的修行，而如果过于宽松的话，戒条就起不到其所应产生的作用了。我们的生活之道必须严格到足以产生其权威，该权威必须为所有人遵守。并且，戒条也应该能够被接受和遵行。

这就是禅传统确立的方式，是我们在修行过程中点点滴滴地确定和创造出来的，其过程不带有任何强制性。然而，一旦戒条被确定，我们应该完全地遵守它们，直至它们被改变。这不是一个好或坏、便利或不便利的问题，只要不加质疑地遵行就可以了。遵循这样的生活之道，你的心灵也会是自由的。

重要的是无差别地遵行自己为自己订立的戒条，遵行这种生活之道，你也将领会自己的"纯禅[1]之心"。而建立我们自身的生活之道，意味着鼓励人们去拥有更具精神性和更具人文性的生活方式。我想终有一天，大家拥有自己的修行之道。

研习清净心的唯一方式就是禅修。植根于我们最深处的本性也需要某种媒介、某种道路来表达和实现其自身。我们通过建立戒条，回应此种最深层的渴求，而代代祖师也向我们展示这种"真心"。通过这种方式，我们也会对修行产生某种精确和深刻的理解。我们必须拥有更多的修行体验，至少要拥有一些开悟的经验。你务必要对时刻伴随在你左右的"大心"有坚实的信念，应该有能力将万物看作"大心"的表现来欣赏它们，这是你不能拒绝的终极真理。无论修行变得难还是易，理解起来是难还是易，只能继续修行，至于是出家人还是在家信众，并不是问题的关键。

关键是要找到那个当下正在做某事的"我"。赶快通过修行恢复自己真实存在，恢复那个总是与万物，也与万物之主，即佛陀同一的"我"！

你或许认为不可能做到这样，然而这是可能的！甚至在一瞬间就能完成！就在此刻，就在此刻也能完成！你能够在当下

---

1 纯禅，指宋代以后传入日本的中国禅宗，区别于唐代输入的杂禅。

此刻这么做，意味着总会这么做。因此，假使你对此有信心，这就是你的开悟经验。如果你对"大心"有如此坚定的信念，尽管没有获得开悟，你也已经是真正意义上的佛教徒了。

因此，道元禅师说："对于这个始终伴随在人们左右的真心，不要期待所有修行禅宗的人都能觉悟到它，获得开悟。"禅师的意思是说，如果你认为"大心"处于身体之外、修行之外的某处，那就是一种谬误。"大心"始终伴随在我们左右。这就是我认为你无法理解时，反复讲这个道理的原因。

禅并不是仅为那些只懂得盘膝而坐，或有极大慧根的人准备的。每个人都有佛性，我们每个人必须找到体现自己佛性的道路。禅修的目的，就是获取关于佛性的直接经验，而佛性是每个人都具备的。无论你做什么，都属于佛性的直接经验范围。提到佛性，意味着已经意识到佛性。

大家的精进应该延伸到挽救有情众生上来。如果我的话还不足以敦促大家觉悟，我甚至会打你一下！那样你就会知道我到底是什么意思了。如果你暂时无法理解我的言语，终有一天会理解的。终究会有人在某天理解我。有人曾告诉我，有个小岛正沿着美国西海岸，从洛杉矶向北漂移到西雅图，我将等候那个小岛来到身边。

我觉得大家都在很大程度上，挣脱了物质条件的限制，并且开始秉持清净心，即初心，展开禅修。你能够恰如佛陀自身所指那样理解佛陀的教义。然而我们千万不要执着于佛教，甚至不要执着于我们的禅修。我们必须保持初心，放下所有执着，要拥有一颗知晓万物正在不断变化的心。除了暂时性地显现的形状和色相外，没有任何事物存在。万物在不断地流转，因而不可把捉。

雨歇前，我们可以听到小鸟的啼叫，甚至在大雪覆压下，我们也能看见雪莲花，以及其他初生的事物。

在世界的东方，我见过大黄生长；而在日本列岛之春，我们以黄瓜为食。

在喧嚣的世界里，

坚持以匠人心态认认真真打磨每一本书，

坚持为读者提供

有用、有趣、有品位、有价值的阅读。

愿我们在阅读中相知相遇，在阅读中成长蜕变！

好读，只为优质阅读。

禅者的初心

策划出品：好读文化　　　　　　监　　制：姚常伟

责任编辑：牛炜征　　　　　　　产品经理：姜晴川

装帧设计：TT Studio 谈天　　　营销编辑：陈可心

内文制作：鸣阅空间

图书在版编目（CIP）数据

禅者的初心 / （日）铃木俊隆著；蒋海怒译. —北京：北京联合出版公司，2023.5（2024.4重印）
ISBN 978-7-5596-6809-7

Ⅰ. ①禅… Ⅱ. ①铃… ②蒋… Ⅲ. ①禅宗—通俗读物 Ⅳ. ①B946.5-49

中国国家版本馆CIP数据核字（2023）第067891号

禅者的初心

作　　者：[日]铃木俊隆
译　　者：蒋海怒
出品人：赵红仕
责任编辑：牛炜征

北京联合出版公司出版
（北京市西城区德外大街83号楼9层　100088）
北京联合天畅文化传播公司发行
北京美图印务有限公司印刷　新华书店经销
字数120千字　787毫米×1092毫米　1 / 32　6.75印张
2023年5月第1版　2024年4月第4次印刷
ISBN 978-7-5596-6809-7
定价：56.00元